組織の実学

個人と企業の共進化

COEVOLUTION

★★★★★★★★★

谷口和弘

TANIGUCHI Kazuhiro

♥

NTT出版

はじめに——本書の読み方

本書の目的は、組織という身近な存在について深く考えることで、組織での適切なふるまい方や仕事の仕方を再発見し、組織とともに成長していくためのきっかけをつくることにある。そのような目的から、本書では、組織とは何かを理解するためのさまざまな理論やケースを扱っている。

本書の姉妹編である前著『戦略の実学——際立つ個人・際立つ企業』(谷口 2006a) では、個人や企業が他とは異なる際立った存在になるために、戦略がはたす役割について述べた。

戦略は、自分がはたして何者なのかというアイデンティティを確立することだけでなく、ライバルとの競争を優位に進めることにも深くかかわっている。

組織は、とくに企業が際立つための意思決定や方法としての戦略を実行するとき、はかり知れないほど大きい意味をもつ。

そこで本書は、前著と同様に「理論と現実の相互作用」を強調する実学の精神にもとづいているが、前著と違って組織にかんする重要な問題に焦点をあてている。

★組織を動かす力とはどのようなものか。
★組織の安定的なタイプや特徴とはどのようなものか。
★組織に特有の価値とはどのようなものか。
★組織はそれぞれどのように区別されるのか。
★組織はどのようにつくられるのか。
★組織はどのように変わるのか。

ところで、職場や家庭などのさまざまな組織生活の場面で、「組織とのかかわりに疲れてしまった」「組織から逃げ出したい」「組織の歯車になるのはもうごめんだ」、あるいは「組織には何の意味もない」、などと感じている人も多いのではないだろうか。そんな人にこそ、本書をつうじて組織の性質をよく理解してほしい。

組織生活のなかで居心地の悪さ、やり場のない悔しさ、あるいは空回る仕事のむなしさ、などを経験した人は組織を単に悪者扱いすることがあるかもしれない。しかし、組織を批判するのは簡単だが、それでは何の解決策にもならない。むしろそのような現状を打開するには、個人にたいして能動的な姿勢が求められる。

組織によって単に利用されるのではなく、むしろ組織を適切に利用し、組織とともに進化するという姿勢が大切である。

本書は、個人がそうした能動的な姿勢をもって組織とうまくつきあっていくことを強く求めたトーンになっている。そうかといって、快適な組織生活を約束する秘訣、組織のなかで要領よく高い評価をえるためのコツ、あるいは組織で活躍するためのノウハウ、などを説明した便利なマニュアル本でも有利なお助け本でもない。

本書の読み方としては、まず第1章を読んでほしい。第1章を読んだ後であれば、どの章から読みはじめても差し支えない。というのも、第1章で、**組織には毒と薬の両面がある**ことを説明しており、そのことを理解してほしいからである。そこでは、人々が共同で物事を実行するために組み立てられた集まりという組織の基本的な見方とともに、組織を理解するための四つのカギ——しがらみ（慣性）、さまざま（多様性）、まとまり（秩序）、つながり（ネットワーク）——を説明している。

各章は独立した構成になっているため、自分で興味をもったテーマの章を個別に選択して読むこともできる。ただし、本書のなかには専門的なことについて説明をしているところもあるので、自分自身の問題意識に従って、読むところと読まないところを判断してほしい。

また、各章の概要を手際よく理解するとともにそうした選択や判断をしやすくするために、各章のはじめにハイライトを設けておいた。ここを読めば、本書全体の内容を概略的に知ることができるようになっている。

その他、各章には、ケース――本文中に挿入されており、短いものもあれば長いものもある――を設けて、組織の具体的なイメージを想像しながら、組織にまつわるさまざまな理論を理解できるような構成にした。ケースをつうじて、理論を用いながら現実を解釈することができるようになっている。

組織の性質を理解することは、組織でのふるまい方や仕事の仕方を考えなおすばかりか、自分が組織を高めると同時に組織が自分を高めるといった「共進化」の関係を構築するうえでも必要なことである。

本書は、さまざまなタイプの組織のなかでもとくに企業を念頭において説明をしているため、ビジネス・パーソンをはじめとして、企業に関心のある学生、大学院生、そして研究者、などの幅広い層の人たちにとっても有効な思考材料になるはずである。

企業を理解するカギは、戦略、組織、そしてガバナンスである。

これらのうち、組織を対象とした本書を個人的に利用するのであれば、第1章を読んだ後、次に読む章の理論を理解し、それを用いてその章や他の章のケースを読んで考えてみるとよいのではないだろうか。

また企業を深く知るために、本書と戦略を対象とした前著とを補完的に活用することもできる。前著の戦略論と本書の組織論を理解したうえで、前著に示したケースを組織論の観点から、また本書で扱っているケースを戦略論の観点からあらためて考察してみるとよいだろう。

本書を単独で利用しても、前著と組み合わせて補完的に利用しても、これらでとりあげられていた以外のケースについて自分で調べて、さまざまな角度から考察してみるとより理解が深まるだろう。

さらに、研修やセミナーなどで本書を組織的に活用することもできる。第一に、本書にもとづいてテーマを設定するとともに、事前に参加者をいくつかのチームにわけて進行のスケジュールを決めておく（アジェンダの設定）。第二に、参加者はそれぞれ事前に本書を読み、テーマについて考えておく（個人学習）。第三に、実際に会合を行う場面で、チームごとにテーマについて議論してもらい、チームとしての意見をまとめる（チーム学習）。そして第四に、チームとしての意見を参加者全員で議論し、全体として意見をまとめていく（総括）。

本書の記述においては、組織の所属や職位などについては特別な注意がないかぎり、執筆時点のものを利用するとともに、敬称を省略している。本書の内容は、執筆時点の出来事を反映しているため、たえず変化し続ける現実とくい違ってしまうことがあることを、あらかじめ断っておきたい。また、さまざまな研究成果や資料などに依拠しているが、それらは巻末に参考文献としてまとめて記載しておいた。

第2章 組織を動かせたかどうか——リーダーシップ 31

第4章 組織で共有された特有——組織文化 105

第7章 組織を変える
——組織イノベーション

第1章

組織とともに進化する

——個人と組織の共進化

第1章のハイライト

★**バランス感覚を身につけて組織とともに進化する――「共進化」する――という能動的な姿勢が大切である。**

★**組織とうまくつきあうには、戦略力と組織力が必要になる。**戦略力とは、物事を適切に判断することで自分を際立たせる力である。これにたいして、組織力は、成長を邪魔するしがらみを破壊する一方、さまざまな人々とのつながりにもとづいて、組織でのふるまい方などにまとまりを与える力である。

★**組織は、人々が共同で物事を実行するために組み立てられた集まりである。**組織には、毒――しがらみ――と薬――さまざま、つながり、まとまり――の両面がある。

★**組織のしがらみとは、慣性のことである。**それは、「変化の壁」である。

★**組織のさまざまとは、多様性のことである。**組織は、さまざまな知識をもつ人々によってなりたつ。

★**組織のつながりとは、ネットワークのことである。**人と人のつながり――人間関係――とともに、組織と組織のつながり――組織間関係――を表す。

★**組織のまとまりとは、秩序のことである。**組織のさまざまな要素が相互に結びつき、期待が生まれた状態である。

毒と薬の両面をもつ組織

組織とうまくつきあうバランス感覚：適宜の意味

組織とうまくつきあおう。組織における自分の成長のために。

そのためには、自分が組織のなかで行うべき仕事と行うべきではない仕事を見極め、他の人たちとは違う形で自分を際立たせるという「戦略力」が必要になる（これについては、前著『戦略の実学――際立つ個人・際立つ企業』［谷口 2006a］で述べた）。

そして、自分の成長を邪魔する過去の組織のしがらみを破壊する一方、さまざまな能力をもつ人々とのつながりにもとづいて、新しい組織とのつきあい方や仕事の仕方などにまとまりを与えていくという「組織力」も必要になる。

もちろん、本書の関心は組織力にある。そこでまず、組織を理解するための四つのカギ――しがらみ、さまざま、つながり、まとまり――に焦点をあてて考えてみたい。

上司や同僚に頼まれるがまま、ただひたすらまじめに仕事をする人は組織に利用されがちである。しかも、自分の肉体や精神を犠牲にするほどの過剰なストレスに疲弊しつつも、無意味な仕事に没頭している人がいる。さらに、他の人たちの分まで仕事をしている人もいる。

彼らは、自分がいなければ組織はまわらないと錯覚し、頼まれた仕事に取り組んでいる自分――「できる人」「頭のキレる人」、そして「信頼できる人」、などといった偶像――に陶酔しているだけなのかもしれない。あるいは、単に「いい人」なのかもしれない。いずれにせよ、自分がいなくても組織はまわる。組織は、すぐに自分の代わりを用意する。忘れてはならない、それが現実というものである。

上司にせよ同僚にせよ、仕事をしない人に仕事をさせるよりも、仕事をする人にもっと仕事をさせるほうが簡単なのである。しかし、そうした安易さが組織の将来を危うくするということを、彼らに気づかせなければならない。

仕事をさせられる側としては、仕事をさせる側の浅薄な意図を見通したうえでつまらぬ責任感や義務感を捨てなければならない。つまり、組織の将来のためにも、他の人たちにできる仕事を安易にひきうけて自分を疲弊させてはならないということである。自分の成長に必要と思われる仕事であればひきうければよいし、そうでなければ丁重に断るという判断の問題である。

だからと言って、何の努力もせずに他の人たちの努力に要領よくのっかること（フリー・ライディング〔ただ乗り〕）はもとより、仕事をしない無責任な問題児になることを推奨しているわけではない。またこれらは、望ましいふるまい方でもない。ここでは、判断することの大切さを述べているのである。

自分――自分の能力、そして内なる声が発している自分の望み――を知り、組織――自分にたいする組織の期待、そして組織の可能性や限界——を知る。これらをふまえたうえで、自分がするべき仕事に真剣に取り組み、組織とうまくつきあいながら組織とともに成長する。

「うまくつきあう」と言っても、適当に要領よくつきあうということではない。正確に言えば、組織を適宜に利用するということである。適宜が重要なのである。『広辞苑』によると、その意味は「その場合・状況にぴったり合っていること」とある。

また、「経済学の父」として知られるアダム・スミス（Adam Smith）は、「適宜性」という言葉を用いて、人の行動が道徳的に適切なものかどうかを問題にしていた（Smith 1759/1966）。人はたしかに利己的であるが、他の人たちのことを考えて自分の身勝手な行動を抑えるというわずかな努力によって道徳的な存在になることができる。

「簡単に上司や同僚の言いなりにならない」「組織で行うべき仕事と行うべきではない仕事を見極める」「自分の成長にとって必要な仕事に集中する」、そして「組織に貢献すると同時に自分も組織とともに成長していく」。このような組織とのつきあいに必要なことを実現するためには、空気をよむことで他の人たちに配慮しなければならないだろう。そして、そこで必要とされる絶妙なバランス感覚こそ、「適宜」という言葉にこめられた意味である。

成長とは、変化の一種である。既存の仕組を変えてより高い段階に到達するという質的な変化である。**組織を適宜に利用するというのは、自分がバランス感覚を身につけて組織とともに進化するという「共進化」の関係をつくり出すこと**だとも言える。

組織は、個人に成長機会を与えてくれるだけでなく一人の力ではなしえないことを実現させてくれるという点で、個人の限界を補う薬になりうる。だが他方で、個人にとって毒にもなりうる。このような意味で組織は、個人よりも優位な立場にあって個人をつねに利用しようとする望ましくない悪者でしかないという一面的な見方は間違っている。

それぞれの人のとらえ方や主観次第で、組織にたいするイメージは変わってしまう。そこで、まず組織にたいする偏見を取り払い、組織の毒としての側面（しがらみ）と薬としての側面（さまざま、つながり、まとまり）の両方について説明してみたい。

望ましくない「変化の壁」：組織のしがらみ

それでは、組織がもつ毒としての側面からはじめよう。たとえば仕事を終えた後、職場の人間関係を遠ざけるかのごとく、地元に直帰しているビジネス・パーソンを想像してみよう。その人は、共稼ぎの妻や小学生の息子が待つ自宅に帰って食事をする既婚者かもしれないし、あるいはいつも外で食事をすませている独身の「お一人様」かもしれない。

前者であれば、自分の時間を確保すべく家に帰っても読書の時間を犠牲にして、妻の職場の話や息子のWiiにつきあわなければならないかもしれない。また後者であっても、少なくとも店の人たちと会話を交わさなければならず、完全に一人きりになって自宅にいるかのようにリラックスできるわけではないだろう。

しかも、同じ店に通い続けていると、やがて「ジョジョに奇妙な常連」——頻繁にその店に現れ、大きな顔をして店の人たちにとどまらず他の客たちにまで話しかけ、彼らの時間やエネルギーをジョジョに奪い去っていくKY《ケーワイ》な人――とかかわりあうようになり、店であうたびに、酒の肴代わりにカラまれた挙句のはてには疲弊させられてしまうかもしれない。

　注釈を述べるまでもないかもしれないが、「KY」というのは「空気がよめない」という意味の言葉で、空気（Kūki）のKとよめない（Yomenai）のYを組み合わせたものである。これにたいして、「空気がよめる」については、「KYR《ケーワイアール》」と表現することもある（よめる［Yomeru］のYR）。このような点から、適宜という言葉の意味を理解できるバランス感覚にすぐれた人は、KYRと言い換えられるだろう。

　たとえば、ある国の首相であった人物は、選挙で歴史的な大敗を喫したにもかかわらず権力の座に居座り、国民の声や政治情勢を無視した的はずれの発言や行動を繰り返していた。このような理由で「KY」と呼ばれ、そのKYぶりは、唐突な辞任劇にも端的に表れていた。

　さきほどのビジネス・パーソンは、企業という組織のしがらみからのがれてきたはずが一転、家族や店という組織のしがらみにからめとられ、自分の時間や注意といった稀少な資源を失っているという点で共通する。このように、組織の影響力は身近な家族にはじまって社会全体にいたるまで幅広く浸透している。

　バスケットボールの面白さにとりつかれた『SLAM DUNK』の桜木花道も、冤罪で留置所に収監されてしまったいわゆる「ジョジョ」（『ジョジョの奇妙な冒険』）の空条徐倫《くうじょうジョリーン》も、組織のしがらみに直面していた。さらに、組織のしがらみを避けるために浮世から離脱した、あるいは企業に解雇されて生活基盤を失ってしまったホームレスの人たちですら、公園や架橋の下で生活するためにはホームレス仲間、ボランティア、そして役所の担当者、などがかかわる新しい組織のしがらみにからめとられる。

しかし、組織のしがらみは個人にとって毒とみなされる。しがらみは、漢字で「柵」と書く。『広辞苑』によると、その意味は、そもそも「水流を塞《せ》きとめるために杭《くい》を打ちならべて、これに竹や木を渡したもの」であったが、これが転じて「せきとめるもの、まといつくもの」になったそうである。

個人をせきとめる組織、あるいは個人にまといつく組織のイメージは、毒のイメージと同様にけっして好ましいものではない。クモの巣にからめとられた小さな昆虫は、クモに毒を注入されてやがて動けなくなりその餌になってしまうことがあるらしい。

個人は、クモの巣のような組織のしがらみからのがれられないとしても、さらに組織の毒のせいでバランス感覚を失ってしまい、組織にたいしてやみくもに忠誠をつくすだけならば、やがてその食い物にされてしまうだけだろう。もちろんそれは、組織の適宜な利用とはかけ離れた望ましくない行動である。

しかし個人は、バランス感覚を身につけ組織にたいして過剰な貢献をしないことによって、組織のしがらみを解毒できる。空気をよんで他の人たちに配慮することは、組織のしがらみを解毒するとともに組織から自分の身を守るためにも必要なのである。

組織のしがらみとは、慣性のことである。つまり、自分や組織そのものの成長や変化をさまたげて、新しい可能性の芽をつみとる「変化の壁」である。そのために、自分や組織を過去のあたり前に結びつけ、もはや適切ではないあたり前の現状を維持してしまう。このような意味で、組織のしがらみは毒とみなされる。

たとえば近年、ＣＳＲ（企業の社会的責任）や倫理の問題にたいする関心が高まっている。企業は、そうした社会的要請にこたえるために従来の事業の仕方や組織の仕組を根本的にみなおす必要があるかもしれない。

しかし、組織が他の人たちに迷惑を及ぼすような社会的に容認されない問題を抱えていたとしても、その内部にいる人たちが「バレなければいいや」「これまで大丈夫だったから今後も大丈夫だ」「新しいことは面倒だから今のままでいい」、あるいは「上司の命令なので変えられない」、などといった意識をもち続けているかぎり、その組織は問題解決をつうじて生まれ変わることができない。

さらに悪いのは、組織として問題そのものを発見できないということである。組織の人々は、他の人たちが従っているあたり前に従ったほうが、それに疑問を呈して新しいあたり前をつくり出すよりも簡単だということを知っている。しかし、目の前のあたり前だけに集中するという近視眼では、世間でおこっている物事や環境変化に気がつきにくくなってしまう。さてそれでは、ミートホープのひき肉偽装事件をつうじて具体的に考えてみたい。

CASE 1 ミートホープ

ミートホープは、北海道苫小牧市で食肉加工販売事業を営んでいた。この企業は、長年にわたって豚肉や鶏肉、羊肉に加えて、鳥インフルエンザのために価格が暴落した中国産の鴨肉などをまぜたひき肉を、牛ミンチとして出荷していたとされている。また、ブラジル産の鶏肉を国産として販売する、雨水を使用して冷凍食肉を解凍する、あるいは肉を赤くみせるために牛の血をまぜる、などといった道徳的にも不適切なことをしていたようである。

その結果、ミートホープは不正競争防止法違反の容疑をかけられ、一連の事件が発覚したことで事業運営が困難になり、二〇〇七年七月に自己破産を申請した。しかし二〇〇六年三月期には、一六億四五〇〇万円もの売上高を達成していたのである。成功しているようにみえたこの企業による不祥事の再生産は、内部告発をきっかけにして明るみに出た深刻な問題だった。

社長であった人物は、利益を優先して従業員に偽装を指示し、それに従わない者を罵倒するといったパワハラをしていたらしい。その結果、消費者にたいする食の安全や従業員にたいする雇用機会の提供という点で企業にたいする信頼を損なった。二〇〇七年一〇月には、その元社長をはじめとして複数の逮捕者がでており、元社長は札幌地方裁判所によって懲役四年の実刑判決をうけた。

上司の命令なので現状を変えられないと考えて問題に目をふさいでしまった人とは違って、問題を発見して内部告発に立ち上がった人の勇気がなければ、この組織による不祥事は明るみに出ず、一向に解決されなかったであろう。

いくらエラい雲の上の人の命令であっても社会的に是認できない問題であれば、強い意志で組織のしがらみを断ち切り解決に向けて行動しなければならない。老舗とみなされてきた赤福や船場吉兆ですら、内部告発をきっかけに深刻な問題が露呈したのである。

とくにミートホープの場合、偽装を指示していたとされる社長は問題の重大性に気づきながらも利益の僕《しもべ》になり、「バレなければいいや」とか「これまで大丈夫だったから今後も大丈夫だ」といった意識をもっていたのではないだろうか。彼にとって、一連の不祥事は利益につながる革新的な発明にすぎなかった。このような人こそ、バランス感覚を著しく欠いたＫＹにほかならない。

このようにいったん組織に根づいてしまった悪弊が慣性をもつために、組織全体として環境変化をふまえて問題を発見する、そしてその問題を解決する、といったことを実行するのは、簡単なようにみえてなかなか難しい。

しかし組織は、しがらみを破壊して問題の発見と解決のための新しい仕組をつくるために、他の人たちや社会に配慮できる個人を必要とする。そして、そうしたバランス感覚にめぐまれた際立つ人材を育成する仕組をつくらなければならない。以下では、組織がもつ薬としての側面について考えてみたい。

組織にまつわるエトセトラ：組織のさまざま

ここでは、自分のエトセトラにあてはめながら組織の具体的なイメージをとらえてみよう。たとえば、通勤手段、愛用のPC、好きな飲み物、そして買い物によく行くスーパーを想像してほしい。そこで以下では、架空の人のエトセトラをみてみたい。

たとえば、「メタボ」と呼ぶには中途半端だという意味で「コメタボ」な人は、その対策としてウォーキングとJR東日本の東海道線を組み合わせながら通勤することがあるかもしれない。この人は、自宅では東芝のノートPCを用いており、風呂上りにはサントリーのカロリーオフの発泡酒を一気に流し込んで火照った体を冷やしている。その発泡酒は、近所にあるフジスーパーで購入する。

JR東日本、東芝、サントリー、そしてフジスーパーの運営会社である富士シティオはどれも組織だが、同時にこれらは特殊な組織である企業とみなすことができる。しかも、株式会社という企業形態を採用しているという点でさらに特殊なのである。

組織について考える前に、まず企業、株式会社、そして企業形態について簡単に説明する。企業は、営利組織（収益を目的に経営されている特殊な組織）とみなされることが多い。経済学の基本的なテキストでは、企業の目的は売上高と費用の差額である利潤を最大化することだとされている。

ただし、われわれが生活している日本という国も、アンフェアなボクシングの試合で一時は厳しい批判をうけた「亀田家」という家族も、組織であることに変わりないが、利潤を直接的な目的としているわけではないということである。この点で、企業は組織という範疇《はんちゅう》の一部にすぎないのである。

株式会社は、法で認められた代表的な企業形態である。正確には、有限責任負担（出資者としての株主はそれぞれの出資額を限度とした責任を負う）、物的会社（取引上の評判や信用は会社自体にもとづく）、会社機関（会社の運営を担う取締役などのさまざまな機関の存在）、そして株式証券制（株式を市場で自由に譲渡できる）、といった特徴をもつ（植竹 1984）。

日本では、二〇〇六年に会社法が施行されたことで企業経営の基本的なルールが変わり、経営者にとって取締役会や監査役会などの会社機関の選択やデザインのための可能性が広がり、さまざまな企業形態を選択する可能性が広がった。そのために、ガバナンスの仕組を設計する際の自由度が増したのである。

とくに株式会社は、株主総会と最低一名の取締役の設置が義務づけられる。一方で、一人でも設立できるようになっており、この種の株式会社は「一人会社《いちにんがいしゃ》」と呼ばれる形態である。

企業形態は、企業が誰のものかに加えて、誰のためにいかにして運営されるかというコーポレート・ガバナンスの問題に直接かかわる（詳しくは、吉森［2001］や植竹［2007］を参照）。つまり、所有と支配にかかわる制度なのである。会社法では、株式会社に加えて合名会社、合資会社、そして合同会社、といった企業形態が認められている（詳しくは、谷口［2006b］を参照)。

組織のさまざまとは、多様性のことである。企業は、組織図に書けるような組織形態をつくり、多様な知識をもつ多様な人々のあいだで仕事をわけて、個人の力ではなしえない大きな目標を実現できる。

組織は、個人にさまざまな成長機会を与えるだけでなく、さまざまな人々のさまざまな知識の利用を可能にもする。第3章で説明するが、組織形態は、人々の仕事をうまくまとめていくことによって、価値創造に貢献するための道具とみなされる。

また第6章でふれるが、組織をつくることは経営の責任をもつ人たち（一般的には「経営者」や「マネジャー」と呼ばれる人たち）に求められる課題なのである。

ネットワークで個を超える：組織のつながり

人は、組織のしがらみにからめとられて個人的な欲望や資源を犠牲にしなければならない。しかし同時に、組織への参加をつうじてさまざまな恩恵をこうむっている。このような意味で組織は、人を成長させる薬、あるいはその限界を補ってくれる薬にもなりうる。

たとえばイチローは、オリックス・ブルーウェーブやシアトル・マリナーズという組織に参加したからこそ、そして鈴木一朗を「イチロー」に変身させた故仰木彬や弓子夫人などの支えをえたからこそ、際立つ野球選手になれたのである。もしそうでなければ、野球に必要な最高の才能を最高の形で開花できなかったかもしれない。

球団という組織に参加すれば、遠征試合や練習のために家庭での生活を犠牲にしなければならないし、また野球は一人でプレイできるスポーツではないため、さまざまな人間関係（人と人とのつながり）に苦悩することもあるだろう。

組織のつながりとは、ネットワークのことである。人間関係とともに組織間関係（組織と組織のつながり）は、「ネットワーク」と呼ばれる。ネットワーク研究の第一人者であるウォルター・パウエル（Walter Powell）によれば、ネットワークとは、協力とコミュニケーション（情報伝達や意思疎通）に特徴づけられる形態であり、命令や権限をつうじて機能するヒエラルキー（階層組織）とは区別される（Powell 1990）。

会社には、仕事について細かく口をはさみながら業績を評価している上司も存在するだろう。また球団には、選手の起用や試合の進行などについて戦略をたてて、自分の方針にそぐわない選手を解雇・放出してしまうような監督も存在するだろう。上司にせよ監督にせよ、特定の組織内にかぎって一定の権限を与えられているという点で、個々の従業員や選手よりも上位のポジション（地位や職位）にある。これらの組織は、ヒエラルキーとみなされる。

しかし、人と人は特定の組織の境界を超えてつながっている。職場の人たち以外にも、実にさまざまな組織に属する人たちとつながっているということである。この点で興味深いのは、近年注目されている「スモール・ワールド現象」である。

心理学者のスタンレー・ミルグラム（Stanley Milgram）は、興味深い実験をつうじて人と人とが平均的に六人の知り合いを介してつながっていることを明らかにした（Milgram 1967）。

このようなスモール・ワールド現象は、自分とは何の共通項ももたない世界の誰にたいしてもさまざまなメッセージを送れる点で、世界は広いようで狭いということを示している。

だが、そうしたスモール・ワールド・ネットワークは明確な境界をもたない。この点で、会社や球団などの組織とは異なっている。かりに六人の知り合いを介してシアトル・マリナーズのジョン・マクラーレン監督とつながりうるとしても、この球団の選手ではない以上、彼の命令に従う必要はないのである。

しかし、地域、資本、あるいは雇用、といった関係にもとづくネットワークについてはどうだろうか。たとえば、地元の商店街に加盟している店、職場のQCサークルに参加している労働者、あるいは大手自動車メーカーの協力会に参加している下請企業、などを想像してほしい。

これらのネットワークは、価格の原理が支配する市場で行われる一回限りの取引（スポット取引）でもなく、あるいは権限をつうじて機能するヒエラルキーでもない。またネットワークと言っても、地球を網羅してはいるが単につながっているだけのスモール・ワールド・ネットワークとは異なっている。なぜならば、店が商店街の活動に、労働者がQCサークルの活動に、あるいは下請企業が協力会の活動にそれぞれ協力しなければ、何らかの社会的制裁が下されると予想できるからである。

この点については、社会学者のマーク・グラノヴェッター（Mark Granovetter）が提示した「埋め込み」という概念によって説明できる（Granovetter 1985）。埋め込みは、個人や企業の行動がネットワークのなかに埋め込まれており、社会的な関係によって制約されることを意味する。

たとえば、日本の村落における慣行について考えてみたい。「村八分」という言葉を聞いたことはあるだろうか。おそらく、聞いたことがある人は多いかもしれないが、その正確な意味を知っている人は意外と少ないのではないだろうか。

村八分とは、村社会における村人のメンバーシップを十分とした場合、火事と葬式といった非常事態における村社会による援助を二分とし、これを残したうえで残りの八分にあたる日常的なつきあいを停止するというものだった（玉城・旗手 1974）。

制度研究の統一的な枠組である比較制度分析は、そうした村八分の慣行が村人の機会主義（ずるがしこい仕方で他の人を欺いて自己利益を過剰に追求すること）を抑制し、村落での日常的な相互扶助や水利の管理などの面での貢献を促したことを数理的に分析している（Aoki 2001）。

村人は、村社会のネットワークのなかに埋め込まれていた。それによって、同じ村落の仲間にたいする欺き、あるいは彼らの努力にたいするフリー・ライディングが制約されて協力的な組織行動が導かれた。**組織を背景とした人と人とのつながり、あるいは組織と組織のつながりは、個人や組織のインセンティブに作用することで個を超えた望ましい帰結をもたらしうる。**

ミラノ・ダービーのありえない話：組織のまとまり

組織のまとまりとは、秩序のことである。秩序とは、さまざまな要素が相互に関連づけられ適合しているので、おこりうる出来事やありえる話を予想できる状態である。そこで、イタリアのサッカーを例として組織のまとまりについて考えてみたい。

インテルナツィオナーレ・ミラノ（インテル）は、イタリアのミラノを本拠地とするクラブチームであり、青と黒をクラブカラーとしている。石油精製会社のサラスを率いるマッシモ・モラッティが一九九五年にその会長に就任し、当時は経営危機に瀕していたこのクラブチームの再建にあたった。

彼は、かつてロナウド、ロベルト・バッジョ、そしてクリスティアン・ヴィエリ、などのスター選手を多額の移籍金で集めたことでも知られている。二〇〇四年にジャチント・ファケッティに会長の座を明け渡したものの、この人物が急死したことで再び会長に返り咲いた。

一方、ミラノには、ＡＣミラン（ミラン）というクラブチームもある。先のロナウドは、インテルからレアル・マドリードに移籍し、二〇〇七年からこのクラブチームに所属している。そして、ミラノにあるスタディオ・ジュゼッペ・メアッツァ（スタディオ・サン・シーロ）で行われるインテル対ミランの試合は、「ミラノ・ダービー」と呼ばれる。

同じスタジアムであっても日によってホームチームが変わり、インテリスタ（インテルのティフォーゾ［熱烈なファン］）にとっては「ジュゼッペ・メアッツァ」、そしてミラニスタ（ミランのティフォーゾ）にとっては「サン・シーロ」という具合に呼び方だけでなく、応援の雰囲気までもがまったく別のものに変わってしまうそうである。

組織のまとまりを考えるために、ミラノ・ダービーのありえない話にあえて注目してみたい。

(1)試合中、ミランの守護神であるジダを意図的にねらって、チームメイトのカカが力強いシュートを放つことはありえない。
(2)ロナウドが、インテルの青と黒のユニフォームを着てミランのゴールキーパーとして試合に出場することはありえない。
(3)インテリスタが、赤と黒のユニフォームを着てミランを応援することはありえない。
(4)モラッティ会長が、インテルのフォワードとして試合に出場することはありえない。
(5)シアトル・マリナーズのイチローが、バットをもってサッカーの試合で活躍することはありえない。

組織には秩序がある、そして組織そのものが秩序となっているために、このようなありえない話は実際にありえないのである。しかも、そうした秩序——たとえば、スポーツを区別する秩序、チームや集団を区別する秩序、あるいは選手や会長などのポジションや役割を区別する秩序、など——は、第5章で詳しくふれるが、それぞれの組織の区別を可能にするという点で、組織境界の問題にもかかわる。

秩序は、人々のあいだで適切な期待や予想が生成した状態だとみなされる。あるいは、第3章と第6章で説明するが「制度」と言い換えることもできる。つまり**ありえない話は、適切な期待が成り立たないからありえない無秩序を表している。**

では、ミラノ・ダービーのありえない話について具体的に説明してみたい。

(1)　勝敗を競っているサッカーの試合で、チームメイトが守っているゴールに意図的にシュートを放つのは、相手チームに得点を与えること（オウンゴール）につながりかねない。このような行動は、すばらしいプレイで得点を重ねて試合に勝つというサッカーの目的と整合した、一貫した、あるいはまとまりをもった状態（coherent―コヒーレント）ではない。

　またそうした行動は、監督やチームメイト、クラブチーム関係者、およびファン、などさまざまな人々の期待を裏切るものである。たとえば、一九九四年のワールドカップで相手チームのアメリカにオウンゴールを与え、敗北のきっかけをつくったコロンビアのアンドレス・エスコバルが銃撃によって殺害されるという悲惨な事件――「エスコバルの悲劇」――も、そうした期待の裏切りが一因として考えることができる。

(2)　ロナウドは、ミランと契約を結んでいる選手である。しかし、二〇〇八年二月にリボルノとの試合で左ひざを負傷し、その後リハビリ中の母国ブラジルで運悪くスキャンダルにまきこまれてしまった。ミランの選手がインテルのユニフォームを着て試合に出場しようとすれば、チームメイトや審判によって制止される。そして、ミランの選手として不適切なそうした行動については、チーム内で何らかの罰則が定められているかもしれない。

　またロナウドは、フォワードというポジションに特有の際立った知識、経験、そしてスキル（ケイパビリティ）（Richardson 1972）を身につけてきた（第5章も参照）。たとえば、ディフェンダーを翻弄するためのフェイント、そして正確なパスや意表をつくシュート、などのテクニックが挙げられる。

しかし、いくら「フェノーメノ（超常現象をまきおこす怪物）」と呼ばれてきたロナウドであっても、ゴールキーパーに必要な知識、経験、そしてスキルという点では、ジダをはじめとしてゼリコ・カラッチやヴァレリオ・フィオーリよりも劣るだろう。適切なケイパビリティをもたないロナウドがわざわざゴールキーパーとして試合に出場するのは、一般的に期待できないことなのである。

(3) インテルをこよなく愛するインテリスタにとって、青と黒は特別な意味をもつ色である。青と黒のユニフォームは、自分がインテリスタであることを示すアイデンティティなのである。赤と黒ではなく青と黒こそが彼らの色なのであって、人々が「インテリスタかどうか」を区別する色でもある。

自称インテリスタが赤と黒のユニフォームを着て、ミランの応援をするようなことがあれば、その人は単なるミラニスタとしかみなされないだろう。気持ちはインテリスタだがみた目がミラニスタというのは、一般的に期待できない奇妙な組み合わせであり、整合性、一貫性、ないしまとまり（coherence――コヒーレンス）を欠いている。青と黒はインテルと関連づけられるため、インテリスタによる赤と黒のユニフォームの着用は、一般的な期待からはずれた行動とみなされるだろう。

(4) モラッティ会長は、石油王の顔ももちあわせている。彼は、選手としてプレイする契約をインテルと結んでいるわけでもなければ、試合に出場してプレイするためのケイパビリティをもっているわけでもない。

つまり、彼に期待されるのは、石油の貯蔵サービスや他社向けの精製サービスなどを営むサラスという企業を適切に経営すること、そして会長としてインテルという組織を適切に運営していくことである。彼にたいして、巧みなドリブルで相手チームのディフェンダーを突破することを期待する者はいないだろう。

(5) 野球選手であるなしにかかわらず、バットをサッカーの試合にもちこむことは、サッカーのルールによって一般的に許されていない。サッカーのルールについては、“Laws of the Game” という名前でＦＩＦＡ（国際サッカー連盟：Fédération Internationale de Football Association）が発行している。

“Laws of the Game 2007/2008” をみると、第四条において用具にかんする規定が定められている。基本的に、ジャージ（シャツ）、ショーツ、ストッキング、シンガード（すね当て）、そしてシューズ以外は認められていない。このルールに違反した選手は、審判によってフィールドから出て用具をなおすように告げられ、あらためて審判のチェックをうけて認められなければ、フィールドに再入場することができないことになっている（http://www.fifa.com/mm/document/affederation/federation/laws% 5fof% 5fthe% 5fgame% 5f0708% 5f10565.pdf）。

つまり、バットやグローブを用いることができればヒーローになれるイチローだが、サッカーの試合ではそれらを利用することがルールで認められていない。世界にはあまたのスポーツがあるが、それぞれゲームのルールによって区別されるだけでなく、必要とされるケイパビリティも異なる。

だからこそ、ＦＩＦＡクラブワールドカップ ジャパン ２００７でＭＶＰの栄誉を手にしたカカのように安定感のあるプレイも、あるいは一九八九年生まれの期待の星であるアレシャンドレ・パトのような際立つプレイも、メジャーリーガーであるイチローに期待することはできない。

以上のミラノ・ダービーのありえない話をみればわかるように、サッカーというスポーツは、特有のポジションについた選手や監督などからなるクラブチーム、彼らに必要とされる特有のケイパビリティ、そしてゲームの仕方を規定する特有のルール、などによって構成され、それ自体一つのまとまりとして組織されている。

以上では、「しがらみ」「さまざま」「つながり」、そして「まとまり」、に着目しながら組織を考えてきた。

言うまでもなく、組織をとりまく環境は変化している。組織や個人のネットワークにせよ、組織についていったん生み出された秩序にせよ、環境変化のためにうまく機能しなくなり、組織の足を引っぱる慣性に転じてしまうかもしれない。また、さまざまな人々が組織の目的を共有しなければ、ばらばらな行動が生じてしまうかもしれない。つまり、**組織の薬は毒に変わりうるのである。**

適宜に利用するための組織

「実学の人」チェスター・バーナード

次に、クラブチームの例を続けながら、組織とは何かについて考えてみたい。

［ミラン］は、［シルヴィオ・ベルルスコーニ会長］、［ロナウド、ジダ、カカ、そしてパト、などの選手］、そして［カルロ・アンチェロッティ監督］などの複数の個人から構成された組織である。そしてその〔目的〕は、［個々の試合で華麗なプレイをつうじて得点を重ねた結果、スクデット（セリエAのリーグ優勝）を獲得してミラニスタを歓喜させること］とみなされる。

そのためには、［選手がジムでのトレーニングやランニングなどをつうじた］個人のスキル向上だけでなく、全体で〔コミュニケーション〕を図るべく［ミニゲームや連係確認などを行うこと］で組織に〔貢献〕し、チームとして組織力の向上を実現しなければならない。

しかし、［ミラン］が組織として存続するには、［ミランにかかわるさまざまな人々］の報酬や組織内の雰囲気などをうまく管理し、彼らの〔満足度を高める〕必要がある。また、彼らを満足させるだけでなく、［組織力を高めて多くのファンを魅了するようなすばらしいプレイで試合に勝つ」という〔目的を実現する〕ことも必要になる。

以上の文章には〔　〕や［　］の囲みが登場しているが、それはチェスター・バーナード(Chester Barnard)による組織観（組織のとらえ方）を際立たせるという目的のためである。つまり、〔　〕は組織の生成や存続に必要な要素を表すのにたいして、［　］は文脈に依存した特殊な要素を表す。

バーナードは、ニュージャージー・ベル電話会社の社長としての実務経験をもとに組織論を構築した。自分の企業経営にかかわる知識を理論構築のために役立てたという点で、「実学の人」であった。その代表的な著作、*The Functions of the Executive*（1938）では、人間、組織、そしてリーダーシップの性質など広範に述べられている。

組織ではない組織とは

バーナードは、企業や大学などに代表されるように、具体的な目的の下で機能しているものを「協力システム（協働体系）」と呼んでいる。より詳しく言えば、協力システムというのは、「少なくとも一つの明確な目的に向けた複数の人々の協力を実現するために、特殊な体系的関係で結ばれた物的、生物的、個人的、社会的な諸要素の複合体」（Barnard 1938, p.65）である。

協力システムは複雑かつ具体的である。そこでバーナードは、あらゆる協力システムに共通した性質を抽出したものを「組織」と呼んでいる。つまり組織とは、「複数の人々の意識的にコーディネート（調整）されたアクティビティ（活動、機能、そしてプロセス）や諸力のシステム」(Barnard 1938, p.73: 括弧著者)である。

バーナードは、具体的な概念としての協力システムから抽象的な概念としての組織を導き出すことで、個人が独力では実現できない目的をはたすための組織に焦点をあてた。具体的な状況の下で人々が協力している実際の姿が協力システムであり、そこから不純物を取り除いて抽象化した理論の産物が組織ということになる。そのような意味で、彼の言う組織は、一般的に組織という言葉で表現されるものとは異なる。つまり組織は、組織ではないのである。

一般的に、先のインテルやミランなどのクラブチームをはじめとして、トヨタ自動車やソニーといった企業、あるいは慶應義塾大学やハーバード大学といった大学をさす場合に組織という言葉が用いられる。しかしこれらは、バーナードの用語法によれば協力システムということになる。

前述した「　」つきの文章からミランにかんする特殊な要素を取り除くと、「Aは、B、C、そしてDなどの複数の個人から構成された組織である…」といった形で一般化できる。つまり、A、B、C、そしてDには、ケツメイシやアップルなどの複雑で具体的な協力システムにかかわる要素を入れて文章を完成することができる。

バーナードによる協力システムと組織の独特な用語法をめぐる混乱を避けるために、彼の言う抽象的な概念としての組織を「公式組織《フォーマル》」と呼ぶのが適切だろう。実際、バーナード自身もこの言葉を用いている。公式組織は、共通目的をもつシステムである。しかし、どのような公式組織においても、それに関連して共通目的や安定的な構造をもたない「非公式組織《インフォーマル》」がメンバー間の個人的な接触をつうじて生成するものである。

バーナードは、公式組織の生成にとってコミュニケーションが必要だということを明らかにしただけではなく、非公式組織が個人的な関係にもとづく相互作用をつうじてコミュニケーションや貢献意欲を促進し、公式組織に特有の疎外感を緩和しうることも指摘していた。この点は、慧眼だと言えるだろう。

織りあげられた組としての組織

個人は、組織を必要としていると同時に組織から切り離すことができない存在である。そして、組織を適宜に利用することで組織とともに成長できる。たとえば、「彼女はできた組織人だ」や「彼は組織のためによくがんばっている」といった具合に、組織という言葉は日常的につかわれている。

社会学者のウィリアム・ホワイト（William Whyte）は、一九五六年に*The Organization Man*という著作を発表した。その書名を日本語に翻訳すると『組織人《オーガニゼーション・マン》』になるが、彼は、組織が要求する人格に過剰に同調して自己を犠牲にする――組織を適宜に利用できない――タイプの人間をこう呼んだ。
ホワイト自身、当時のアメリカ社会で組織に埋もれがちな労働者が増えつつあったことを危惧し、個人が組織とのあいだに適切なバランス感覚を失っていることを問題視していたのである。

組織とは、文字通り「織りあげられた組」、つまり人々が共同で物事を実行するために組み立てられた集まりである。あたかも、さまざまな色の糸を用いて複雑な模様が織りあげられたタペストリーのように、組織はさまざまな個人によって織りあげられた組なのである。

一方、組を織りあげるという行為は「組織デザイン」と呼ばれている。第6章で説明するが、とくに企業の経営者にとって、バランス感覚にすぐれた際立つ人材を育成するとともに、彼らを満足させるような報酬支払や業績評価の仕組、今までにない画期的な財・サービスの開発、生産、そして販売の仕組、などを創造するという組織デザインは重要な課題になっている。

本章の最後に、組織とは何かについて、どのような考え方があるかを簡潔にみてみよう。

(a)組織は、人間の集団におけるコミュニケーションやその他の関係の複雑なパターンである。それは、個人から意思決定の裁量を部分的にとりあげる代わりに、組織の意思決定プロセスを与える（Simon 1957）。

(b)組織は、オペレーションに必要なさまざまなアクティビティを組織化しており、それによって存続が左右される。存続に必要な資源をえるには、環境に依存せねばならない

(Pfeffer and Salancik 1978)。

(c)組織は、目的志向的で境界維持的であるような社会的に構築された人間活動のシステムである (Aldrich 1979)。

(d)組織は、人々の集合体だけでなく、さまざまな組織特性の配置とみなされる。つまり、PARC――人々 (People)、アーキテクチャ (Architecture)、資源 (Resource)、そして文化 (Culture) ――として表されるものである (Roberts 2004)。

(e)組織は、何らかの共通目的によって結びついたさまざまな個人からなる集団であり、それを動かす企業家は、制度変化を誘発する。経済組織の例として、企業、労働組合、そして協同組合、が挙げられる。政治組織としては、政党、上院、そして規制当局がある。また社会組織の例としては、宗教団体やクラブが挙げられる (North 2005)。

そこには、「パターン」「資源」「境界」「アーキテクチャ」「文化」「企業家」、そして「制度変化」、といった言葉が登場している。本書ではこれらに関連した問題を含めて、第2章で組織を動かしたリーダー、第3章で組織において仕事を切りわけてまとめるための組織形態、第4章で組織に特有の価値である組織文化、第5章で組織の活動や資源獲得の仕方にかかわる組織境界、第6章でさまざまな制度を配置する組織のデザイン、そして第7章で組織の学習やイノベーション、にそれぞれ焦点をあてながら、具体的なケースをつうじて組織の性質を説明してみたい。

第2章 組織を動かせたかどうか

――リーダーシップ

第2章のハイライト

★**誰でもリーダーになれる可能性を秘めている。**リーダーは、ポジションや出自によって決定されるものではなく、結果的に組織を動かせた人である。

★リーダーになるには、MVP（強い道徳、明確なビジョン、そして広い視野）を育成したうえで、主体的な思考と行動を続けていかなければならない。さらにその結果、COS（変革力、組織文化のデザイン、そして共感力）を身につけなければならない。

★組織では、個人が非協力的に行動するとき、全体として望ましくない結果がもたらされる。このような**囚人のジレンマを解決するには、認知と行動の両方が求められる。**

★**個人が組織との共進化を実現するには、組織の支配者——他の人たちとの相互作用において相手の能力と意図を見抜き、信頼にもとづいて広い視野で主体的に思考し行動できる人——になることが大切である。**

★リーダーシップについて、経営学、社会学、そして経済学は、それぞれ順に、組織道徳の創造、価値の注入、そして変化の創造とみなしてきた。

リーダーになれるはず

リーダーとは組織を動かせた人

「リーダー」という言葉をきいたときに、はたしてどのような人物を思い浮かべるだろうか。たとえば、松下電器を創業した松下幸之助、本田技研工業を設立した本田宗一郎、あるいは日産自動車の経営再建に尽力したカルロス・ゴーン、などの企業家や経営者を思い浮かべるかもしれない。

また、中日ドラゴンズの落合博満や鹿島アントラーズのオズワルド・オリヴェイラといったスポーツ・チームの指揮官、あるいはウィンストン・チャーチルや佐藤栄作といった政治家を思い浮かべるかもしれない。さもなければ、ＴＯＫＩＯの城島茂やダチョウ倶楽部の肥後克広のように、文字通り「リーダー」という愛称をもつ人を単純に思い浮かべるかもしれない。

だがリーダーは、このように誰もが知っている著名人である必要はない。実は、誰でもリーダーになれる可能性を秘めている。つまり**リーダーというのは、組織を結果的に動かせた人のことであって、そもそもポジションや出自によって決定されるものではない。**

人は、不適切な行動を抑制する強い道徳、将来あるべき姿としての明確なビジョン、そしてさまざまな物事から学ぶ広い視野、をもたなければならない。そして、これらにもとづき主体的に思考し行動することによってさまざまな経験を蓄積する。

そうした経験にもとづいて、組織のしがらみを破壊して新しい関係を創造する変革力、組織のまとまりを生み出す組織文化のデザイン、そしてさまざまな人のあいだに組織のつながりを創造する共感力、を身につけた結果、組織を動かせるリーダーになる。ここで、「デザイン」という言葉を「誘導する」や「植えつける」といった弱い意味で用いていることに注意してほしい。

誰でもリーダーになれる可能性をもっているとしても、リーダーになりたいからといって簡単になれるものではない。というのも、リーダーは他の人たちと同じ世界にいながらも違う何かを感じて行動し、それを継続するプロセスで結果的に生み出されるからである。リーダーへの道のりは、自己を導くことにはじまり、やがて人々を、さらには社会を導く形へと、変化していくプロセスなのである（野田・金井 2007）。

リーダーシップの代表的な研究者の一人であるウォーレン・ベニス（Warren Bennis）も、個人が自己をきたえあげて結果的にリーダーになることを強調する。彼は、リーダーが①ビジョン（自分が何をしたいのかにかんする考えや理想）、②情熱（自分の将来的な理想にたいする情熱）、③品性（自己を知る、正直な言動を心がける、そして成熟しているといった特性）、④信頼（部下や同僚から結果的にもたらされる）、⑤好奇心（新しい物事にたいする冒険や実験の積極性）、⑥

勇気（失敗を恐れずに、逆境に学ぶ姿勢）、といった基本要素のいくつかをもつと述べている(Bennis 1989)。

リーダーシップとポジション

どの組織にもさまざまなポジション（地位や職位）が存在しており、それぞれのポジションにたいしてさまざまな役割をはたすことが期待されている。ポジションは、組織を動かすために命令する側（主体のポジション）と命令される側（客体のポジション）の二つに分類できる。トヨタ自動車の経営陣をみてみよう。「アニュアルレポート２００７」(http://www.toyota.co.jp/jp/ir/library/annual/pdf/2007/ar07_j.pdf) によると、トヨタでは張富士夫代表取締役会長、中川勝弘取締役副会長、渡辺捷昭代表取締役社長、そして七名の代表取締役副社長の下で六万七六五〇人もの従業員が働いている。

経営陣としては、グローバル営業本部や商品開発本部などの本部を担当する一八名の専務取締役が存在し、監査役などとともにトヨタの経営に尽力している。組織のヒエラルキーを下っていくにつれて、個々の事業の運営や地域に責任をもつミドル・マネジメントや現場の監督にあたるロワー・マネジメントに関連してさまざまな役職が設けられている。

こうしたヒエラルキーにおいて、主体と客体のポジションのあいだには上下関係が存在する。前者は、約七万人に近い組織のメンバーのなかでほんの微々たる部分を占めるにすぎないが、組織にとって重大な意思決定の役割を担っている。このようなことから、どの企業をみても働いているほとんどの人たちは客体のポジションにあると言ってよい。

しかし、組織にとって稀少な主体のポジション——たとえば、企業のCEOや社長、スポーツ・チームの監督やコーチ、あるいは体育会の主将、など——の人だからと言って、前述したリーダーシップの基本要素を身につけ、特定のポジションに要求される仕事を実行する能力をもつとは断言できない。つまり、ポジションと能力は別物なのである。

たとえば、親の七光りだけで社長になってしまったみじめな二代目社長がいる。また、表舞台にたって饒舌に内容のない話を語り、人々の関心をひこうとする単なる目立ちたがり屋もいる。もちろん彼らは、リーダーとはみなされないだろう。リーダーとは、組織を結果的に動かせるようになった個人をさすのである。

重要なのは、以下の二つの点である。第一に、**リーダーシップはポジションや目立ちたがりの性格によって自動的に保証されるものではなく、経験をつうじて結果として身につけられる能力**だということである。

第二に、**客体のポジションの人が主体のポジションの人のビジョンを十分に理解し、その実現に向けて協力的に行動することで何らかの報酬——カネのように形があるかもしれないし、やりがいのように形がないかもしれない——がえられるだろうという期待を抱いたときに、後者は組織を動かせるようになる**ということである。

とくにこの点については、チェスター・バーナードが提示した後にハーバート・サイモン(Herbert Simon)が発展させた見解である「権限受容説」が示すとおりである。たとえば、どの企業にもあるような上司と部下のあいだの上下関係を想像してみよう。そこで、部下が上司によって何らかの行動を決められてしまうような場合、上司は部下にたいして権限を行使していることになる。

権限受容説は、権限が上司から部下にたいして一方的に与えられるものではなく、むしろ部下によって受容されてはじめて生ずるという見解である。つまり、部下がうけいれてもよいという圏内にある上司の命令にたいしてのみ権限が認められるのである。

リーダーシップと信頼

主体のポジションの人によるリーダーシップの成否は、その人にたいして客体のポジションの人が信頼を抱くかどうかによって左右されると言ってもよいだろう。そして、その信頼のネットワークは、部下と上司のあいだの上下関係にとどまらず、組織内あるいは組織境界を超えてさまざまな人々のあいだで広くはりめぐらされていくことが望ましい。

しかし信頼の生成には、一定の時間が必要となる。信頼は、継続的な相互作用をつうじて生み出される（Powell 1996）。それでは、信頼とは何か。山岸俊男教授の心理制度分析によると、**信頼は人間関係を安定させる期待とみなされる**（山岸 1998）。

なるほど、いわゆる「ミシュランガイド」（『MICHELIN GUIDE 東京 2008』）で星を獲得したふぐ料理店の味満んの主人が完璧なうまい料理を出してくれるという信頼にせよ、隣で寝ている妻が不倫することはないだろうという信頼にせよ、顧客や夫に安心感を与えることで人間関係を安定させているという点では共通する。

また、信頼には相手の能力にたいする期待と相手の意図にたいする期待という二つの意味がある（山岸 1998）。ふぐ料理店の主人にたいしては、ふぐを適切に調理する能力を期待する。一方で自分の妻にたいして、不倫する能力というよりはむしろ不倫する気があるかどうかという意図にかんする期待を抱くだろう。

妻は、不倫する能力をもたないわけではない。彼女にとって、何らかの形で夫以外に好みのタイプの男性と出会う機会もありうるし、また近年では健康、美、そして若さを維持するためのアンチエイジングの機会や技術にもアクセスしやすくなっている。

つまり夫は、やさしい言葉、頓知のきいたプレゼント、あるいは小洒落たレストランでの食事、などの形で妻にたいしてたえまなく愛情を注がないと、夫婦関係が「黒く」なってしまい、家庭内別居どころか、彼女の気持ちが他の男性に向かってしまう可能性があることをつねに忘れてはならない。夫婦関係では、意図にたいする期待が重要なのである。また、夫婦関係よりも拘束力の弱い恋人同士の場合には、なおさらのことである。

第3章で説明するが、企業という組織においても、相手の意図にたいする期待としての信頼が重要な意味をもつ。職場ではさまざまな人たちが相互に期待を抱き、それにもとづいて行動している。**同じ組織のメンバーが機会主義に依拠して、自分を搾取的に利用しようとする意図をもっているかどうかを問題にしなければならない。**

組織のメンバーのあいだには、情報の非対称性（それぞれの人がもつ情報に差異があること）

が存在する。たとえば企業において、マーケティング部門の人々は顧客にかんする情報をもつのにたいして、ＩＲ部門の人々はＣＥＯやＣＦＯから経営や財務にかんする情報をえて、投資家や証券アナリストとの対話の機会をもっている。このように同じ企業と一口に言っても、所属する部署や担当する地域などによって情報の質量にかんする差異が存在している。

やや専門的な話になるが、近年めざましい発展を遂げた組織経済学（たとえば、Williamson [1975, 1985, 1996]、Milgrom and Roberts [1992]、そして Lamoreaux, Raff, and Temin [2003]、などを参照）は、そうした情報の非対称性が存在する状況を想定して、とりわけ機会主義の解決やインセンティブの整合化——負の回避——を実現するような制度のあり方を模索してきた。つまり組織経済学は、企業を囚人のジレンマ・ゲームを解決するための制度とみなしてきた。しかし企業は、特異な資源やケイパビリティの蓄積と利用をつうじたレント（他社よりも大きな収益）の獲得——正の創造——を実現する制度でもありうる（この点については、Langlois and Robertson [1995]、Langlois and Foss [1999]、谷口 [2006b]、そして第3章と第6章も参照）。

リーダーシップと囚人のジレンマ・ゲーム

囚人のジレンマ・ゲームとは、人々が自分のことだけを考えて狭い視野で非協力的に行動するとき、互いのことを考えて広い視野で協力すれば実現できるはずのより大きな利益をのがし、組織として望ましくない結果をもたらすという相互作用の状況である。

自分で努力するのではなく、他の人たちの努力にたいするフリー・ライディングを選好する。そして、何か問題が生じたときにもその責任を他の人たちに押しつけて、そ知らぬ振りをする。囚人のジレンマ・ゲームによって適切に描かれるように、そうした狭い視野の非協力的な行動が組織全体に蔓延すると、その組織は業績悪化の一途をたどって深刻な危機に陥ってしまうだろう。

このことを実際に例証しているのが、かつての日産である（谷口 2002a, 2006b; 木戸・谷口・渡部 2004a,b）。日産は、ルノーとの提携によって一九九九年に五八五七億円にのぼる資本注入をうけた。当時、日産の社長をつとめていた塙義一は危機を危機として捉えることができない企業の体質を「他責の文化」と呼び、これを日産特有の問題として以下のように指摘していた。

「パフォーマンスが悪くなったときに誰も自分の責任とは思わない。開発は『俺はいいクルマをつくってるんだから、販売が頑張れば絶対売れるはず』となる。だが販売に言わせると『いやそれは商品力です。販売は一生懸命やってます』となる。……結局、あいつが悪い、こいつが悪いといっているうちにずるずる沈んできたというのが私たちの状況なんです」（財部 2000, p.73）。

自分が属する組織でこのような状況が生じたとしたら、どのように対処したらよいだろうか。組織がずるずると沈んでいくのを、自分の力で食い止められるかどうか。そのためには、具体的にどうすればよいのだろうか。もちろん、**組織が沈みつつあるという危機をまず認識し、な**

ぜそれが生じているかを考え理解しなければならない（認知［問題発見］）。**そして、組織が抱える問題を解決する方法を模索し、それに向けて行動しなければならない**（行動［問題解決］）。

中国の家電メーカーであるハイアールの経営再建を成功させ、ハーバード・ビジネス・スクールで講演の機会をえただけでなく、映画『ＣＥＯ最高経営責任者』（呉天明監督、二〇〇二年）の主人公としてもとりあげられている張瑞敏は、「問題を発見できないこと自体、最大の問題である」という名言を残している。

問題を解決する前にまず発見できなければ、解決にたどりつけないのはあたり前のことである。しかし、組織に固有の問題を発見すること自体難しい。首尾よく問題を発見できたとしても、それを解決するのはもっと難しい。

結局のところ日産において、塙社長は他責の文化という問題を自分の力で解決することができず、ルノーから供給された資本と「コスト・キラー」と呼ばれていた際立つ個人の両方に頼らざるをえなかった。

「主体のポジションにあった社長ですらも問題を解決できなかったのだから、客体のポジションにおかれている一介の従業員に問題を解決できるはずはない。自分は、従業員の立場だから問題を解決すべきではないし、問題を解決しようとするのはムダである。」しかし、このような考え方は間違っている。

囚人のジレンマという深刻な状況においてすら、誰もがポジションに関係なくリーダーシップを発揮できる可能性を秘めている。広い視野の下で問題解決に向けて組織の人たちをまきこんでいく大きな波は、はじめは小さな波にすぎないかもしれないが、自分の力でひきおこせるものなのである。**大切なのは、広い視野で主体的に思考し、とにかく行動することである。**

組織を支配するか、組織に支配されるか

組織のなかで一緒に仕事をする人の意図を見抜いて、機会主義の対象として一方的に利用されないように注意する必要がある。それは、「人を疑え」と言っているのではなく、「人をしっかりと見極めるべきだ」と主張しているにすぎない。

組織において相手の能力ばかりか相手の意図すらも見抜かないうちに、相手を妄信してしまうのは、きわめて危険なことである。相手にたいする妄信にもとづいて、主体的な思考を放棄して相手の言いなりになるだけならば、相手に自分の行動を決められてしまう組織の被支配者――表面的には人であっても、実質的には物体と変わらない人――に成り下がってしまう。

人が組織を利用して成長すると同時に組織の成長に貢献していくという共進化を実現するには、組織を構成する一人一人が組織の支配者――相互作用の文脈で相手の能力と意図を見抜き、信頼にもとづいて広い視野で主体的に思考し行動できる人――になることが何よりも大切なのである。

組織を支配する支配者になるか、組織に支配される被支配者になるか。その答えは明らかである。ただし、支配し続けるのは容易なことではない。**広い視野でかつ主体的に思考し行動できるかどうかが、支配者と被支配者とをわかつ分岐点である。**被支配者とは、自分を十分に活

用できない宝の持ち腐れに押された烙印なのである。

中国戦国時代の法家だった韓非の著書に『韓非子』がある。この著書は、秦の始皇帝によって天下統一の思想的な支えとして活用されたと言われるだけあって、現代でもリーダーシップの性質を考えるときにしばしば話題になる。

そこには、「下君は己の能を尽くし、中君は人の力を尽くし、上君は人の智を尽くす」というくだりがある。普通の人は、自分の能力をたよりに物事に取り組むことで満足してしまう。普通のリーダーは、他の人たちの努力を個別に引き出すことで満足してしまう。しかし、**組織の真の支配者である際立つリーダーは、一人一人の知識をうまく結合しながら組織としてまとめられる知恵をもっている。**

人に動かされることも大切

主体のポジションの人が自分のビジョンの実現に向けて真剣に取り組んでいるとしても、その意味を客体のポジションの人が客観的な観察をつうじて十分に理解するのは難しい。誰でも、自分が理解できないことに真剣に取り組もうとはしない。

そこで、主体のポジションの人は自分のビジョンを組織に浸透させる際、客体のポジションの人に行動をつうじて間接的に「背中で語る」のではなく、むしろコミュニケーションの場をもうけて直接的に「フェイス・トゥ・フェイスで説得する」必要がある。

だが、自分の上司にあてはめてみた場合、背中で語ればまだましなほうで実にさまざまなタイプの人たちがいるようである。たとえば、部下が抱えている問題にまったく無関心でコミュニケーションを図ろうともしない無能な上司、日常的に細部にわたって介入してくるウザい上司、あるいは意味不明なあやしい言動のために近づきたくないキモい上司、などがいる。

自分の上司は、「リーダー」と呼ぶに値する人だろうか。もしそうでないとしたら、どのような要素が足らないのだろうか。また、自分にとって理想の上司像とはどのようなものだろうか。

たとえば、理想の上司像を一つ挙げるとすれば、人を動かせるのはもちろんのこととして、さらに人に動かされるようなタイプの上司がありうる。また、必要があれば相談にのってくれるような包容力があるタイプならば、なおのこと望ましいだろう。このように単に理想を述べることはたやすいが、現実の問題として自分の思い通りの上司を選択することはほぼ不可能である。

他方で、上司の立場からみれば、自分が客観的に正しいとしても、あるいは能力の面ですぐれていたとしても、部下は自分の思うように動いてはくれない。まして、階層的な差がない水平的な関係の同僚や仲間のあいだで人を動かすのは、上司と部下のあいだの上下関係とは違ってかなり骨が折れることだろう。

だからと言って、人を動かすという「上から目線」だけでは、人を動かすことは難しい。やはり、人に動かされることも大切なのである。ベニスも述べていたように、リーダーは成熟していなければならない。

つまりリーダーシップは、単に命令や指示を与えるだけで終わるものではなく、ひたむきさや慎重さを学びながら他の人たちとともに働き、そして彼らから学習できる能力を身につけることを意味している。

そのためには、まず上からだけでなく下や横からも多面的に物事をとらえようとする広い視野が必要となる。言い換えれば、さまざまな人たちの立場に置き換えて彼らから何かを吸収しようという広い視野である。**リーダーは、広い視野にたって人を動かし、人に動かされる力（共感力）を身につけることで自分の殻を破り、組織と一体化している。**

次に、組織のなかで期待されるリーダーシップについて理論的な側面から説明してみたい。その際、経営学者、社会学者、そして経済学者、といった多様な視点からどのようなリーダーシップの見解が提示されたかを説明したい。

リーダーシップを理論的に考える

道徳でリーダーシップの失敗を防ぐ

バーナードは「近代組織論の父」として広く知られているが、経営者として培った自分の実務経験を経営学者として組織論（Barnard 1938）を構築する際の基礎とした。つまり、身をもって理論と現実の相互作用という実学の意味をわれわれに示してくれた「実学の人」でもあった。

　彼によると、**リーダーシップとは、信念を創造することによって人々の協力的な意思決定を鼓舞する力である。**ここで言う「信念」というのは、組織の人たちが物事について理解を共有しているという信念、組織が成功するという信念、個人のモチベーション（動機づけ）が満たされるという信念、組織における権限にたいする信念、そして個人の目的よりも組織の目的を優先するという信念、のことである。

　企業のＣＥＯにせよテニサー（テニス・サークルの略称）の部長にせよ、組織で主体のポジションにおかれている人は、自分が運営している組織に属するメンバーが組織の目的を尊重し、よりよい組織の実現に貢献することを望んでいる。

　企業であれば、たとえば地球にやさしいエコ製品を開発し、地球温暖化の原因となっている炭酸ガスの排出量削減という価値創造の場面で、組織のメンバーによる協力を必要とする。

　一方、テニサーであれば、適宜な練習をつうじて試合に勝つばかりか、仲のよい友達ができるような雰囲気のよいサークルづくりを志向するだろう。

　このように、組織がもつ目的を実現するための信念を創造するうえでリーダーシップが必要とされる。またリーダーシップは、技術的側面と責任的側面という両面をもつ。技術的側面とは、リーダーが技能、体力、そして知識、などの面で個人的にすぐれているというものである。

これにたいして責任的側面とは、リーダーが判断力、精神、そして勇気、などの面で個人的にすぐれているというものである。

バーナードは、何を行わないかという行動の質を決定づけるリーダーシップの責任的側面を強調している。そして責任とは、「道徳によって確実に統治される能力であり、道徳に反するような衝動、欲望、あるいは利益に逆らうとともに、道徳と調和するような欲望や利益を志向するという能力」（Barnard 1938, p.274）のことだと述べている。

責任は、道徳と強く結びついている。道徳は、人がもつ一般的で安定した性向とみなされている。つまり、自分のなかで物事を判断し、行ってはいけないことを抑制するいわばブレーキの役割をはたすことになる。

バーナードは、**道徳がリーダーシップの質を左右し、それをつうじて究極的には組織の存続を左右する**と考えている。

さらに、**リーダーが自分の超利己的な動機を組織目的と取り違えてしまった結果、リーダーシップが失敗することもある**と指摘する。それでは、この点にかんしてケースをつうじて説明したい。

CASE❷ 村上世彰

村上世彰は、東京大学法学部を卒業した後に当時の通商産業省に入省した優秀な人物だった。株式交換制度などのM&A法制などに携わった後、一九九九年に自分の信念にもとづいて官僚の職を辞し、M&Aコンサルティングをはじめとしたいわゆる「村上ファンド」を設立することで日本の資本主義のあり方を根本的に変えようとした。

実際にその試みとして、二〇〇〇年一月には旧安田グループの東証二部上場企業である昭栄に敵対的TOB（株式公開買付）を仕掛けて、企業価値の増大に積極的とは言えない経営陣を規律づけようとした。だが、あいにくキヤノンを中心とした大株主はTOBに応じることはなく、村上は昭栄の経営権を獲得できなかった。

二〇〇〇年一月時点での昭栄の資産価値は五〇〇億円であるにもかかわらず、株式時価総額は一二〇億円にすぎなかった。しかしこの企業は、村上ファンドの敵対的TOB以降、オフィスビルや倉庫への投資を展開するなど経営改革を実行していった結果、株式時価総額を大幅に改善することができた。

その後も、村上は「もの言う株主」として日本企業にたいして一石を投じ続けた。しかし二〇〇六年六月、彼はニッポン放送株のインサイダー取引をめぐって証券取引法違反の容疑で東京地検特捜部に逮捕され、二〇〇七年七月には、インサイダー取引事件では異例の実刑判決をうけた。

ここで、バーナードの考え方を参照しながら村上のリーダーシップについて考えてみよう。

村上は、「仕手」ないし「グリーンメーラー」といった具合に揶揄されることが少なくなかった。しかし、官僚という地位を辞してまでロバート・モンクスのような投資家のごとく「アクティビスト」として積極的に発言し、経営者にたいして企業価値の増大を求めるという流れを導いてきた。この点で、当初の彼はそれなりの理想と意図をもっていたのではないだろうか。

しかし彼は、次のようにも述べていた。「上場企業の経営者が株主を尊重しなければならないのと同様、今の僕には、ファンドの投資家の収益を上げることに寄与する使命がある」（村上 2005, p.35）。

ファンドマネジャーとしてとてつもなく巨額の資金を運用していくうちに、日本の資本主義を変えるという当初の意図はなりをひそめ、世界中の投資家にたいして高い運用利率を実現することが自己目的と化し、カネの化身に成り下がってしまったのではないか。その結果、彼の道徳は機能不全に陥ってリーダーシップが失敗したのではないか。

道徳は、リーダーシップの失敗を防ぐ役割をはたす。しかし、野心的な起業家の下で急速な成長を遂げた組織（たとえば、「ホリエモン」が率いていた当時のライブドア）をみてみると、組織全体に確固たる道徳を根づかせるのはどうやら難しいようである。

組織の成長があまりに速すぎると、その速さに価値の成長が追いつかないのだろう。**組織を存続するのに必要な協力は、一人のリーダーの力からではなく価値を共有した組織のすべての人たちの力からもたらされる。**

この点でバーナードが慧眼だったのは、組織道徳（個人の利益や動機を優先して組織から離反しようとする力を克服する精神）を創造することが「最高のリーダーシップ」だと主張していることである。つまり、**組織のメンバーが自己利益を犠牲にして組織に自発的に貢献するような組織の価値をつくり出すことが、リーダーにとっては大切なのである。**

彼によると、リーダーシップは、組織の共通目的にたいする意味生成、インセンティブの創造、一貫した意思決定の実現、そして組織のまとまりを生み出す確信を植えつける力、ということになる。そうしたリーダーシップの下で生成する組織の道徳や価値は、第4章で説明するように一般的には「組織文化」と呼ばれており、重要な研究テーマの一つとなっている。

組織に価値を注入する

カリフォルニア大学バークレー校のフィリップ・セルズニック（Philip Selznick）は、かつて大学院生時代にコロンビア大学で社会学者のロバート・マートン（Robert Merton）の薫陶をうけて制度論の発展に尽力してきた。また彼は、バーナードの影響もうけていて組織、制度、そしてリーダーシップの関係を扱った*Leadership in Administration*（1957）という著作を発表している。

セルズニックによれば、リーダーシップとは組織を全体的にまとめて統率する政治的手腕（ステイツマンシップ）である。つまりリーダーは、組織全体を高いところから鳥瞰して組織と環境との関係をコーディネートするだけでなく、組織内で生じるさまざまな問題を解決していかなければならない。

また組織は、意識的にコーディネートされた活動体系であり合理的な道具とみなされる。これにたいして制度は、社会の要請や圧力から生じた自生的な有機体である。**組織は、価値が注入されたときに制度となる。そして、リーダーシップの最も重要な機能は、組織にたいして特定の価値を注入することなのである。**

このようにセルズニックは、リーダーシップの制度的側面を強調したうえで①制度の目標の設定、②制度の目標の実現、③制度の統一性の維持、④内部コンフリクト（conflict――対立や葛藤）の解決、といったリーダーシップの要素を指摘する。そこで、松下幸之助に焦点をあてて説明してみたい（以下について詳しくは、http://panasonic.co.jp/founder/story/を参照）。

CASE❸ 松下幸之助

松下幸之助は、日本を代表する企業家の一人である。妻のむめのや義弟の井植歳男とともに大阪でソケットの製造と販売にのり出し、一九一八年に松下電器機具製作所を創業した。そして、一九三五年に松下電器産業株式会社として改組したのである。

幸之助は、一八九四年に和歌山県で誕生した。わずか九歳のときに大阪の宮田火鉢店に丁稚奉公に出て、さまざまな経験を積むこととなった。あるとき、大阪の市電が電気で走っているのをみて電気事業の将来性を確信し、電気とかかわりをもつようになり、松下の創業にいたった。

幸之助は、企業を経営していくにあたって事業のミッション（使命）とは何かという問題について考えた。その結果、「四百四病の病より貧ほどつらいものはない」ということわざにもとづいて、生産につぐ生産によって貧困をなくすという使命にめざめた。

そこで、この使命を松下のすべての人たちに自覚してほしいという思いから、彼は一九三二年五月五日に大阪の中央電気倶楽部に一六八名の人たちを召集した。そこで、水道の水のように物資を豊かにたえまなく提供していこうと強く訴えかけた。

それは、松下が大量生産による低価格化の実現をつうじて貧困の解決に寄与し、人々を幸福にするという真の使命を知った命知の瞬間でもあった。そのような経緯から、松下にとって一九三二年は「創業命知第一年」となったのである。

次に、セルズニックの考え方によりながら幸之助のリーダーシップについて考えてみたい。幸之助が追求してきた産業人の使命（ビジョン）は、「水道哲学」として知られている。幸之助は、そうした使命を設定し、組織の人々に価値（組織文化）として注入した（第4章）。そして彼らは、松下の組織やその物事の仕方に全人格的にひきつけられるようになった。つまり、彼らにとって松下という組織は仕事のための合理的な道具を超えて、満足をもたらす制度になったのである。

抽象的な目的として使命を特定したのであれば、これを具体的に実現するための仕組を創造しなければならない。松下では、国民の社会生活を向上させるうえで具体的に何をするかを考え、組織の人々にそれぞれの役割を協力的に実現させることが必要とされた。そのためには、彼らが日常的な組織行動に意味や目的を付与していくことが重要な意味をもっていた。

また松下は、特有の価値、能力、そして役割、といったものの統一性を維持しなければならなかった。実際にセルズニック自身、制度の統一性の維持という問題をかなり重視していた。制度の統一性は、価値の弱さや不安定性によって損なわれてしまう。したがって松下も、約九〇年にわたる歴史のなかで社会にたいしてその価値の重要性を主張し、環境変化に直面しつつも独自の仕方で独自の使命を実現してきたのである。

組織では、稀少な権力や資源をめぐってコンフリクトが生じてしまうのがつねである。組織のメンバーは、使命の実現に向けて協力する一方、対立することもある。対立が深刻になって制度の存続を脅かすことがないように、コンフリクトを解決するのもリーダーに求められる役割である。

かつて松下は、東京オリンピックの頃に家電需要が一巡した結果、業績悪化によって経営がうまくいかない時期があった。松下製品の販売を担当する販売会社や代理店のほとんどが赤字に見舞われるなかで、一九六四年七月九日に幸之助は熱海のニューフジヤホテルに彼らを招集し、三日間にわたって全国販売会社代理店社長懇談会を開催した。

「熱海会談」として知られるこの懇談会において、最終的に幸之助は、「結局は松下電器が悪かった、この一言に尽きます。これからは心を入れ替えて出直しますので、どうか協力して下さい」(http://www.panasonic.co.jp/company/history/person/119.html) と涙ながらに語り、閉会にあたって「共存共栄」と記した色紙を一人一人に手渡したそうである。

業績悪化によって企業とそれに依存する家庭の生活が深刻な状況に陥ったとき、その当事者にとっては製品が売れることが大切であり、背に腹はかえられないために、崇高な価値や理想論は意味を失ってしまう。

幸之助は、この懇談会において一三時間近くも壇上で彼らの深刻な声に耳を傾け、彼らと熱い議論を交わしたそうである。まさに彼は、組織の価値が堕落しそうなときを適宜に見極めたうえで、組織のメンバーのガス抜きの機会を設けてコンフリクトの解決に真摯に取り組んだリーダーであると言えよう。

ちなみに、幸之助もバーナードと同様、自分の実務経験を基礎として数々の著作を発表した「実学の人」だった。彼は、自分の著作のなかで「やはり指導者というものは、一つの指導理念というものを持たなくてはならない。そういうものを持たずして、ただその場その場の考えでことを行っていくということでは、到底人びとを力強く導いていくことはできない。……指導者が理念を持ち、そこからその時どきの情勢に対応する具体的な方針を次つぎと生み出していくことが、真の発展を生む最大の力となることを銘記しなくてはならない」(松下 1989, p.81) と述べている。

松下は、二〇〇八年一月にパナソニックに社名を変更することを発表した。今後は、幸之助が言うところの理念を継承し、組織がどのような方向へと進み、そして組織の人々がどうあるべきかをたえず自問できるようなリーダーの存在が求められることになるだろう。たとえ創業者の苗字が社名から消えたとしても、その理念をけっして見失ってはならない、ということである。

変化を創造する

スタンフォード大学のジョン・ロバーツ（John Roberts）は、組織経済学の代表的な研究者の一人である。彼は、*The Modern Firm*（2004）という著作を発表し、企業の戦略、組織、そして環境との適合によって業績が左右されるという考え方を提示した経済学者である。

企業をとりまく環境はつねに変化している。21世紀企業は、とくにＩＣＴ（情報通信技術）の発展と経済のグローバル化といった環境変化に適応しなければならなくなった。実際にロバーツは、**環境が変化するために企業は戦略や組織を適宜に変えなければならない**と主張する。たしかに、技術や社会などの環境変化は、企業のあり方ばかりか人々の生活をも一変させた。

インターネットの発達は、さまざまな国の消費者に製品の感想やつかい方などの情報の交換や入手を敏速かつ容易にし、企業や製品の評判がウェブで形成されるようになった。また、輸送手段の発達によって空間的な移動が便利になったばかりか、昔と比べて多くの所得をえるようになった人々は、高い費用をかけて観光や買物を楽しむための海外旅行へ簡単に行くことができるようになった。

また企業は、消費者の評判や口コミを形成するためにさまざまな媒体を活用できるようになった。たとえば、東ハトが二〇〇三年に発売したスナック菓子の「暴君ハバネロ」は、その名をとったキャラクターを生み出した。ＪＲ山手線渋谷駅のホームでは、ＯＯＨ（Out of

Home──家庭の外で接する媒体）として「暴君ハバネロ」を前面に押し出したキヨスクを設置したり、あるいは「暴君ハバネロ」のブログや暴君ハバネロ特区というサイトを設けた。

しかし、「およげ！たいやきくん」が流行していた昭和の時代に、駅やPCを活用した商品広告が行われる未来を想像できただろうか。あるいは、コンビニがいたるところに普及し、しかもセブン‐イレブンで預金を引き出せる未来を想像できただろうか。この点で言えば、ICTにもとづく高性能のシステムをもつ21世紀企業──グーグルとアマゾン──の合併を仮定した仮想合併企業のグーグルゾンですら、現実化するときがおとずれるかもしれない。

PCやケータイがそれほど普及しておらず、eメールではなく手紙《スネイル・メール》が主流だった昭和の時代。駅の改札口は自動改札機ではなく駅員がいて、買物をするのにネットサーフィンではなく、物理的移動が不可欠だった昭和の時代。そして、街で異国のにおいを感じることもなく、自分の職場や取引先でさまざまな国の人々がそれほど働いていなかった昭和の時代。

当時の人の時代感覚は、近年の劇的な環境変化とは無縁だった。しかし21世紀は、そんな「昭和感覚」では想像もつかないとてつもない出来事がおこりつつある時代なのだ。しかも、環境変化の方向性は不確実なために予測することすら難しい。こうした状況のなかで、現在うまくいっている組織が将来もうまくいくというのは、生ぬるい幻想にすぎない。

環境変化のなかで企業は、突如としてより効率的な別の物事の仕方や仕組の存在を認識するかもしれない。その結果、変化が求められる。ロバーツは、変化を生み出すうえで、リーダーシップが必要な要素だと述べている。そこで**リーダーシップとは、①戦略的認識、②ビジョン、**

③コミュニケーション能力、④勇気、といった要素によって構成されている。それでは、スティーブ・ジョブズに焦点をあてて説明してみたい（以下について詳しくは、Moritz［1984］やYoung and Simon［2005］を参照)。

CASE④ スティーブ・ジョブズ

一九五五年二月二四日にカリフォルニア州サンフランシスコで生まれ、生後まもなくしてある若い夫婦の養子となり、スティーブン・ポール・ジョブズと命名された一人の男の子がいた。後に彼はアタリのエンジニアとなり、ヒューレット・パッカードにつとめていたスティーブ・ウォズニアクとともに、一九七六年にクパチーノにてアップル・コンピュータを設立した。この企業は彼ら二人とマイク・マークラによって一九九七年に法人化され、二〇〇七年に社名をアップルに変更した。

アップルが一九八〇年一二月に株式を公開したことで、ジョブズは伝説的な大富豪の仲間入りをはたした。しかし彼は、自分にすでに忠実だった仲間や旧友にたいしてストック・オプションを与えようとはしなかった。彼は、一風変わった人物だったのである。

このことは、彼自身を形容するための言葉を列挙すれば理解できるだろう。つまり、反骨精神、トラブルメーカー、かぎられた交友範囲、自己陶酔、不可能な物事への挑戦、人をおだてる才能、狂信的な性向、矛盾した性格、粘り強さ、ハングリー精神、現実歪曲、竜巻、カリスマ、そして押しの強さ、などである。彼は、類稀な人物だったのである。

一方、ウォズニアクは、爆発的なヒット商品となったアップルⅡの設計に尽力した。六二個のチップとICを搭載したその美しいPCは、一九七七年に発表された。これにたいして、ジョブズは、コンピュータをつうじて世界を変えるというビジョンを抱いていた。そのために、アップルⅡの製品保証について九〇日保証という業界の慣行とはかけ離れた一年保証を主張し、マークラが引き抜いてきたCEOのマイケル・スコットと激しくやりあった。二人の関係は、良好と言えるものではなかったのである。

そしてジョブズは、ウォズニアクではなくあくまでも自分がつくったマシンを強く求めたため、リサという新マシンのプロジェクトに着手した。しかし彼は、プロジェクトからはずされ、その代わりに、株式公開にあたって株価の好材料になるようにとの配慮で、彼には会長の職位が用意された。その結果、彼は伝説的な大富豪になったのである。

大富豪になったにもかかわらずリサ・プロジェクトからはずされたジョブズは、自分がマシンをつくるという望みを捨て切れなかった。そこで、アップル入社前に大学教授をしていたジェフ・ラスキンが開発中のマッキントッシュという低価格小型PCに目をつけた。ラスキンは、その開発のためにきわめて優秀だが他社ではうけいれられないような人たちを組織した。

当初ジョブズは、このプロジェクトにさまざまな形で干渉して中止に追い込もうとさえしていた。しかしスコットは、それをスカンクワーク・モデル（特定のプロジェクトを企業内の他の組織から秘密裏に隔離し、新規事業の育成を促進するというモデル）をつうじて既存の組織から隔絶された環境で密かに育てていった。ジョブズは、そのマシンのチップをモトローラ６８０００に変えるようにと干渉して影響力を及ぼすことで、そのプロジェクトへの参加を強く願った。

最終的にスコットは、ジョブズをマッキントッシュ・プロジェクトのゼネラル・マネジャーにすえることにした。そこでジョブズは、ウォズニアクをはじめとしてアップルⅡの主要メンバーを組織した。その結果、ラスキンはマッキントッシュのための低価格小型ＰＣというコンセプトや開発チームを創造したにもかかわらず、途中から参加してきたジョブズに主導権をにぎられてしまい、彼との争いに敗れた。

スコットは、肥大しつつあったアップルの組織を変えるために、一九八一年に従業員の解雇にふみきった。しかし、社内の人たちのモチベーションを著しく損なったスコットは辞任に追い込まれ、新たにマークラがＣＥＯに就任することになった。

一方、ジョブズは、自分が経営できないのであれば自分の言うことに従ってくれる人物が社長になればいいと考え、ペプシコ社長のジョン・スカリーを候補としてしぼりこみ、彼の説得にあたった。その際、「一生このまま砂糖水を売り続けるのか、さもなければ世界を変えてみたいとは思わないか（Do you want to spend the rest of your life selling sugared water or do you want a chance to change the world?）」という洒落た台詞でスカリーを口説き落とした。

そしてスカリーは、一九八三年にアップルのＣＥＯに就任した。二人は、マッキントッシュの売り込みのために協力して数多くのマスコミのインタビューをこなし、社運をかけて一九八四年一月にマッキントッシュを発売した。当初は注文が殺到したが、その後の需要は減速していった。

そのようななかで、マッキントッシュ・メンバーは、リサ・メンバーの年俸が自分たちよりも数万ドルも高く、低い報酬で週九〇時間の労働を毎日要求されていた事実を知る。それを補填するためにジョブズは、彼らに多額のボーナスを支給せざるをえなくなった。だが、その原資となっているアップルⅡの関連部署から強い反感をかい、社内は混乱してしまった。

一九八五年四月、伝説のベンチャー・キャピタリストとして知られるアーサー・ロックを中心としたアップルの取締役会は、スカリーにたいしてジョブズを気にせずに社長の使命をまっとうするように求めた。そしてジョブズは、マッキントッシュの長から下ろされた。だが、彼はあきらめずにスカリーを辞めさせようとクーデターの機会を幾度となくうかがった。

しかし、ジョブズの不穏な動きはスカリーに知られてしまった。ＣＥＯのスカリーは、取締役一人一人の支持をとりつけたうえで、ジョブズを排除するという厳しい判断を下した。その結果、創業者であるジョブズは、名目的なプロダクト・ビジョナリーとしてアップルにとどまることを許されただけだった。

最終的にジョブズは、一九八五年九月一七日にアップルを退職した。そのとき、アニュアル・レポートをうけとる目的で手元に一株だけを残して他の持株をすべて売却した。しかし、コンピュータ会社のネクストや映像制作会社のピクサーといった企業の設立に携わった後で再びアップルに戻り、二〇〇〇年にはＣＥＯに就任した。

さてロバーツの考え方によりながら、ジョブズのリーダーシップについて考えてみたい。第一に、**「戦略的認識」とは、変化が必要とされているかどうか、そして変化の機会があるかどうかを認識することである。**

たとえば、ジョブズがアップルⅡの一年保証にこだわったのも、九〇日保証という業界の慣行を変える機会と考えたからであろう。それによってさらなる顧客満足を実現し、ロイヤル・カスタマーを創造することで競争優位の実現が期待できた。この点で、アップルには変化が必要とされていたのである。

第二に、**「ビジョン」とは、企業があるべき姿の輪郭や軸であって、どのような変化を志向すべきかの指針となる。**実際にジョブズは、会社や個人にたいするコンピュータの販売によって世界を変えるというビジョンを抱いていた。ジョブズのビジョンは、アップルの人たちに世界を変えるために何をすべきかを考えさせ、それとコヒーレントな行動を促進した。

ビジョンのために、その組織ではどのような行動によって報酬につながるのかが明確になり、彼らにとって努力のインセンティブにもなりうる。カネのために仕事をするのか、あるいは世界を変えるために仕事をするかでは、仕事の意味がまったく違ってしまう。

ジョブズは、入学したリード・カレッジをあっさりと中退してしまったが、その後も大学に居残り、東洋哲学やカリグラフィーに没頭して直感力や美的感覚にみがきをかけた。アップルⅡをファンのない静かなマシンにしたい、そしてアップルのすべての製品のデザインをフロッグデザイン――ジョブズが感動したソニーのウォークマンのデザインを担当していたドイツのデザイン会社――に任せたいと考えたのは、彼自身が抱いていたビジョンによるものだろう。

第三に、**「コミュニケーション能力」とは、変化にともなう新しい物事の仕方やそれを実現するプロセスを説明する能力である。**変化は一人の力で生み出せるものではなく、組織の人々の参加を必要とする。彼らにたいして変化が必要だということだけでなく、変化によって何らかのメリットがあることを説得しなければならない。

アップルは、二〇〇一年一〇月にｉＰｏｄを発売したのにともない、二〇〇三年四月にｉＴＭＳ（現在のｉＴｕｎｅｓ Ｓｔｏｒｅ）を開始した。ジョブズは、ｉＴＭＳを設立する以前からレコード会社の経営者をたずねて、新しい音楽配信の可能性を説明していった。その結果、彼が楽曲提供を執拗に説得したことで、消費者のみならずレコード会社にも新しい価値が生み出されることになった。

そして第四に、**「勇気」とは、掲げたビジョンが不可能に思われても努力を続け、しかも短期的に組織のパフォーマンスが悪化したとしてもあきらめないというねばり強さである。**ジョブズは、一時は自分が創業した会社から追われる身となったが、コンピュータをあきらめなかった結果、華々しい復活を遂げることができた。

また、ＩＢＭが一九八一年にＩＢＭ ＰＣの発売によってＰＣ市場へ参入した際、アップルは八月二四日に「ＩＢＭ様、心より歓迎します（Welcome, IBM. Seriously.）」ではじまる新聞広告を大々的に掲載した。名もなき会社が勝負にもならないほど強力な大企業に挑んだことで世間の注目を集め、アップルばかりかその製品やジョブズすらも熱心なファンを獲得するようになった。

ここで、ジョブズについてさらに二つほど述べておきたい。第一に、二〇〇五年六月一二日に行われたスタンフォード大学の卒業式での祝辞についてである。点と点とがつながっていくと信じることで自分の心に正直に生きること、そして他人の意見という雑音に自分の内なる声をかき消されずに自分の心と直感に従う勇気をもつこと、など彼が伝えようとしたメッセージは実に奥が深い。

「卒業式」を意味する英語"commencement"は、同じつづりのフランス語では「はじまり」という意味をもつ。つまり卒業とは、人生のスタート・ラインにたつとの意味がこめられているのである。それだけに、「いつまでも貪欲で愚直でいよう（Stay hungry, stay foolish.）」という祝辞の結びは、これからはじまろうとしている人生の旅を奮い立たせるものである。

第二に、ウォール・ストリート・ジャーナルが主催するＤコンファレンス（D: All Things Digital）にかんする話である。このコンファレンスは、デジタル革命を推進するリーダーたちを集めて二〇〇三年から毎年開催されており、二〇〇七年に開かれた会合は、開始から数えて五年目にあたるため「Ｄ５」と呼ばれている。

そのD5では、ジョブズとビル・ゲイツが同じステージに上がり談笑するという貴重な光景もみられた。そこでジョブズは、アップルの前CEOだったギル・アメリオが彼に語ったという言葉を皮肉っぽく紹介し、聴衆をわかせていたのが印象的だった。――「アップルは船底に穴が開いて浸水している船のようなもので、この船を正しい向きに方向転換することが私の仕事である（Apple is like a ship with a hole in the bottom leaking water, and my job is to get the ship pointed in the right direction.）」。

結局、その船のかじ取りは、復活したジョブズが行うことになった。彼は、経営者としての死から復活しただけでなく実生活でもすい臓ガンから復活した。たしかに一風変わった異端児ではあるものの、「カリスマ」と呼ぶにふさわしい人物だと言えよう。少なくとも、**自分の好きなことに貪欲で自分の信念に愚直であるべきだ**という能動的な姿勢を、彼から学ぶことができるのではないだろうか。

MVPの育成がリーダーシップのカギ

これまで、経営学者のバーナード、社会学者のセルズニック、そして経済学者のロバーツといった異なる視点から、リーダーシップとは何かについて考えてきた。それぞれ順に、組織道徳の創造、価値の注入、そして変化の創造といった形でリーダーシップをとらえていた。とくに前者二つは組織文化（第4章）に、そして残りの一つは組織イノベーション（第7章）にかかわる機能だと言えるだろう。

しかしここで、前述してきた組織の道徳と価値は「組織文化」という概念に、そして使命や理念は「ビジョン」という概念にそれぞれ置き換えて、リーダーシップとは何かを示したものが図2・1である。

リーダーシップは、ポジションや出自によって規定されるものではなく、結果的に組織を動かせるようになった人がもつ。**リーダーシップのカギは、MVP――強い道徳（Morality）、明確なビジョン（Vision）、そして広い視野（Perspective）――を育成したうえで主体的な思考と行動を続けていけるかどうかにある。**

MVPにもとづいて主体的に思考し行動することによって、COS――変革力（Change）、組織文化のデザイン（Organizational culture）、そして共感力（Sympathy）――を身につけられれば、組織を動かせるリーダーになりうる。人は、主体的に思考するとともに主体的に行動することができれば組織を支配する支配者でいられるが、ひとたび思考を放棄してしまい他のリーダーに自分の行動を決定されるようになると、組織に支配される被支配者に成り下がってしまう。

組織の被支配者は主体的に物事を考えて問題を発見し、その問題の解決に向けて積極的に行

図2.1 組織の支配者としてのリーダー

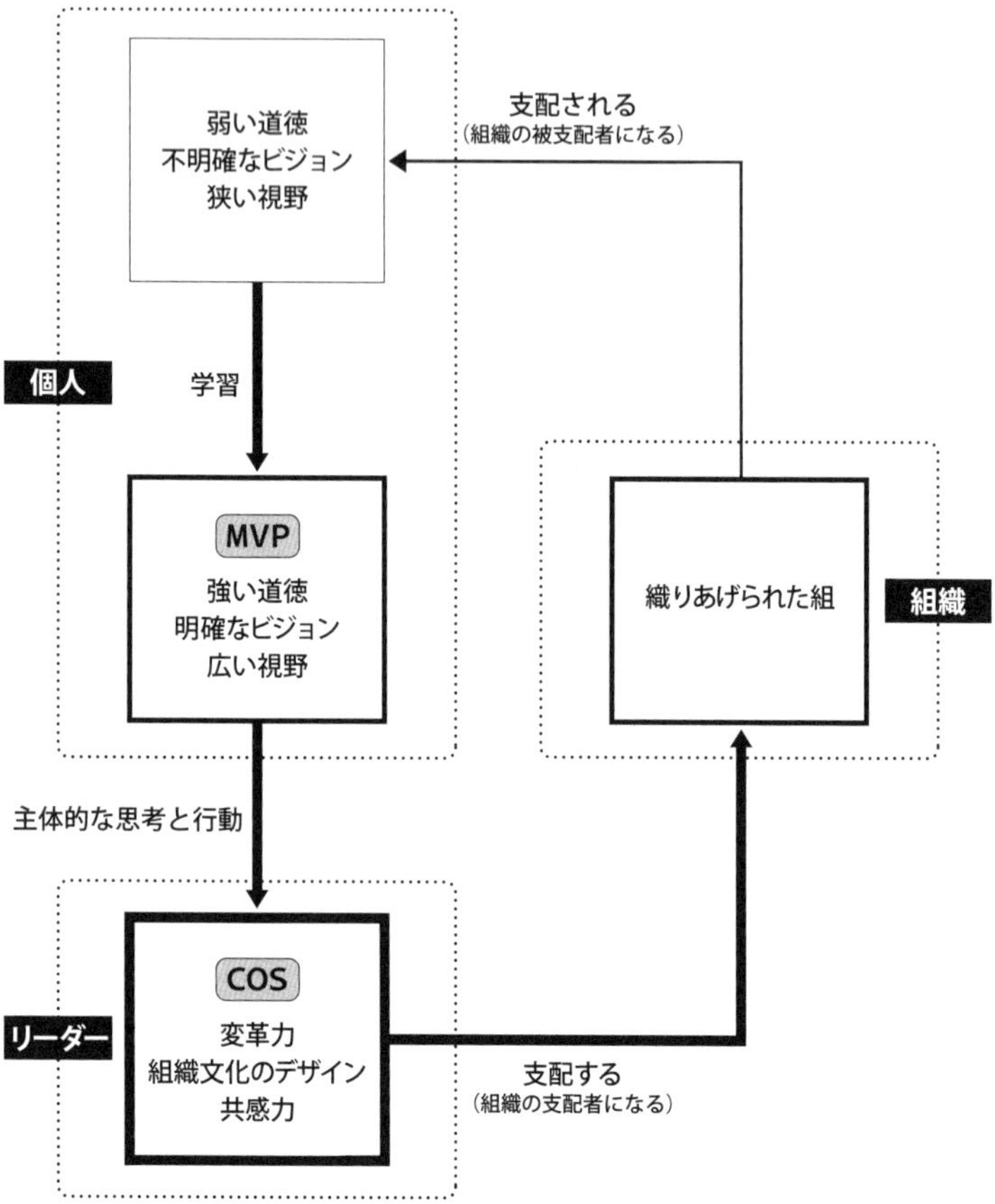

動することを欠いている。しかし、いったん被支配者に成り下がったとしても支配者になることはできる。それは、組織でのさまざまな経験をつうじた学習によって知識をえて、広い視野で環境変化をとらえて自分のあるべき姿を描いたビジョンに向けて、自分に負けない強い道徳で着実に成長しようとするのであれば、という話である。そして、太線の矢印の軌道にうまくのってCOSを身につけたとき、組織に働きかけて変化を導くリーダーになれるだろう。

そして、リーダーシップの要素のなかでも変化と結びついているのが、変革力にほかならない。それは、新しい組織の創造と古い組織の破壊にかかわる力だと言える。環境変化によってうまく機能しなくなった組織文化は、破壊の対象になりうる。古い文化にもとづく組織のつながりやまとまりが変化を阻害するしがらみに変わってしまい、組織そのものの存続を脅かすことがあれば、変革力が求められることになる（第4章と第7章も参照）。

第3章 分業とコーディネーションの形

——組織形態

第3章のハイライト

★組織形態は、分業とコーディネーション（意思決定や行動の調和）の形である。組織では、さまざまな役割を分担する分業に加えて、それらをまとめるコーディネーションが行われている。

★企業は、組織という制度である。そこでは、人々の知識を有効に利用するとともに彼らに適切なインセンティブを与えるために、さまざまな組織形態が進化を遂げる。

★組織の人々がもつ知識には違いがあるために、彼らの期待はそれぞれ異なっている。

★組織が敏速な問題の発見と解決を実現するうえで、コミュニケーション（情報伝達や意思疎通）が重要な意味をもつ。

★組織では、さまざまなタスク（実行されるべき仕事）が束ねられて特定の人に割り当てられるとき、職務が生み出される。そして職務をサブユニットに束ねるのが、組織形態である。その基本形として、「U型組織（機能別組織）」「M型組織（事業部制組織）」、そして「マトリクス組織」がある。

★問題の発見と解決を可能にするよう自社に適した形で組織形態の基本形を発展させること、そして環境変化のために陳腐化した組織形態を進化させることが大切である。

組織の基本

分業とコーディネーション

会社の組織図は、どのようになっているだろうか。命令系統が複雑すぎて理解できないといったことはないだろうか。あるいは、同じ社内なのにタテ割りの悪弊が生じていて、自由なコミュニケーションが阻害されていないだろうか。

組織を構成する個人は、それぞれ性格や考え方が違うのはもちろんのこと、育ってきた環境や出自も違う。したがって、コミュニケーションが大切だと頭ではわかっていても、多くの時間を共有している仲間や同僚のあいだで本当の意味で理解しあうのは難しい。さらに、それぞれの意図や能力を把握するのはもっと難しい。とは言うものの、組織のなかでうまくやっていくためには相手を理解しようとする姿勢がまず大切である。

われわれは、限定合理性（合理的に行動しようと意図したとしても、その合理性の程度には限界があること）や情報の非対称性といった制約からのがれられない。つまり、組織のなかで日々生じている問題についてすべてを知りつくすことはできないし、同じ問題だとしても、それについて知っている内容は人によって異なる。

　だからと言って、人は完全に無力だというわけではない。社会に広く分散したさまざまな知識を利用したり、自分の代わりに他の人たちに働いてもらうべくインセンティブを与えることもできる。**組織は、コーディネーション（意思決定や行動の調和）とモチベーションにかんする工夫なのである**（Roberts 2004）。

　もちろん組織では、知識以外にも有形・無形のさまざまな資源が必要とされ、これらを活用して、一人では実現できない大きな目標が達成される。たとえば、ホップの栽培の仕方を知っている農家だけではビールはつくれないし、スティーブ・ジョブズ一人だけではｉＰｏｄをつくれない。あるいは、企業のＣＥＯだからといって、株主や銀行が供給する資本がなければ工場建設のための設備投資や従業員の新規採用を実行できない。

　つまり、この世界に生きているかぎり、少なからず他の人たちの資源に依存しなければならないし、そうすることによって他の人たちと相互作用をくりひろげる。個人としては、財・サービスを需要する消費者として、それらを供給する企業とのあいだで相互作用を展開している。

　企業としては、消費者以外のステイクホルダーとも相互作用を展開している。また、そこで働く従業員としては、それぞれさまざまな仕事——たとえば、製品をデザインする、原材料を調達する、製品を組み立てる、あるいは製品の広告を考える、など——を行わなければならない。やはり、ここでも他の人たちと相互作用を展開している。

　また、たとえば野球チームを想像してみる。九人の選手は、ファースト（一塁手）やライト

（右翼手）などのポジションに配置されてそれぞれ特定の仕事を実行する。ピッチャー（投手）は、捕球の仕方を知っているキャッチャー（捕手）がいるからこそ、ミットをめがけて投球することができる。また野手は、バッター（打者）が打ち返した打球を適切なタイミングで処理しなければならない。

このように、組織ではそれぞれのメンバーが実行すべき役割を分担する。そして、それぞれの役割を相互に関連づけてメンバーの働きがうまくまとめられる。つまり組織では、さまざまな役割を分担すること（分業）に加えて、それらのまとまりを生み出すこと（コーディネーション）が行われる。**組織形態（ないし組織構造）は分業とコーディネーションの形である。**企業は組織形態をつくることによって便益をえる。

ところで、部下二人の仕事もこなして三人力で突っ走る有能なビジネス・パーソンについて、あるいはショート（遊撃手）が処理すべき打球をダッシュで捕球していたかつての長嶋茂雄について、どのように思うだろうか。たしかに、彼らの活躍は目立っていてすばらしい。しかし、それでは部下の育成という点で問題があるだろうし、一方でショートの広岡達朗も困ったはずである。

このように、「部下の分まで仕事をこなせば問題ない」、あるいは「自分のプレイが目立ちさえすればよい」、などといった自分目線で仕事が行われると、組織にとって部分最適が生じてしまう。そこで分業に加えて、いかにして組織目線で全体最適を達成するかを考え、仕事をうまくまとめていくことが必要になる。

だからこそ、会社では知識の共有や意思疎通のための会議や飲み会、あるいは組織力向上のための研修やセミナー、といったものが設定されている。また野球チームでは、さまざまな状況を想定した連係プレイの練習が行われている。

知識やインセンティブは、組織の人たちが自分目線ではなく組織目線で望ましい行動を選択するためのカギをにぎる。そして、人々の知識を利用するとともに彼らにインセンティブを与える仕組をつくる責任は、主体のポジションにおかれている人たち（企業の経営者やマネジャー）に求められる（第6章）。

そのとき、自分を軸として知識やインセンティブの問題を解決する集権的な方法もあれば、他の人たちに責任を適宜にゆだねていく分権的な仕方もある。よく知られたライン組織は、社長から部長や課長をへて一般の社員へとつながっていく垂直的な命令系統をもつ。さらに、ラインにたいしてさまざまな知識や助力などを提供して、組織の円滑な働きに貢献するスタッフ（たとえば、会社の人事部や経理部などの人たち）も存在する。

しかし、21世紀という劇的な環境変化の時代において、一貫した命令系統をもつライン組織にせよ、スタッフを補ったライン・アンド・スタッフ組織にせよ、事業の多角化や複雑化にともなって生じる問題の敏速な発見と解決という点で弱さをもっている。

実際に21世紀企業では、エンパワーメント（権限委譲）に代表される組織の分権化が進展している。それによって現場の人々の知識を活用できるようになったばかりか、意思決定の裁量を高めた結果としてインセンティブの改善にもつながったと言われる。だがあってはならぬが、エンパワーメントが部下にたいする単なる「責任まる投げの道具」になることもあろう。

また、21世紀企業はグローバル競争を展開するようになった。そのために生産性を向上させるうえで、世界各地の市場にかんする特有の知識、あるいは本社の社員よりもむしろ現場の人々がもつ知識を有効に利用しなければならなくなった。一方でＩＣＴの発展は、そうした知識を利用するための費用を軽減し組織の分権化を促す要因となった。

しかし、組織の分権化に問題がないとは言えない。多くの企業では、分権化の動きとしてデイレイヤリング（階層の削減）が進められてきた。トヨタでは、一九八九年に課長や係長などのミドル・マネジメントを廃止したフラット型組織を採用し、個人のインセンティブを高めるとともに組織の迅速な意思決定をねらった（『ＡＥＲＡ』二〇〇八年四月七日号）。

しかしその結果、先輩と後輩とのフェイス・トゥ・フェイスのコミュニケーションが行われなくなり、組織内での有効なケイパビリティ（知識、経験、そしてスキル）の移転が犠牲になった。この問題を解決すべく、二〇〇七年にはフラット型組織の弊害に着目して新たに小集団にもとづいた組織づくりを志向するようになった。

組織形態の進化は、環境変化によって促される。その根底には、人々によるトライアル・アンド・エラー（試行錯誤）がある。組織は、環境変化のなかで生じるさまざまな問題の発見と解決に向けて敏速に実験を試みなければならない。その際、いかにして人々の知識を有効に利用し、どのようにして彼らにインセンティブを与えるのだろうか。まさに組織形態は、このような問題にたいする解として進化を遂げたのである。

組織の生産性を下げるMA

どの組織にも、問題がある人はいるものだ。期待された仕事を十分に仕上げられないにもかかわらず、プライドだけは人一倍高い。連係が必要とされる場面でいかんなく無能ぶりを発揮し、上司や同僚などから「いないほうがましだ」と思われている。手抜きと言い訳は一人前、成果をみれば半人前、なのに変な自信、「バカの壁」という言葉がよくあてはまる。あるいは、海外出張によろこんで出かけていくが、その準備すらろくにできないばかりか、何の成果ももち帰れない。自分の職場をみわたしたとき、そんな困ったKYに心あたりはないだろうか。

問題がある人は、これらの項目をみても自分の問題だとはけっして思わないだろう。なぜなら、自分の問題に気づけないことこそ、問題がある人に特有の能力（「無能」という能力）なのだから。以下では、問題がある人を「問題（Mondai）」と「ある（Aru）」を組み合わせて簡潔に「MA《エムエー》」と呼ぼう。

組織の生産性を下げていくMAは、組織にとってたしかに稀少ではあるものの――稀少でなければ組織はなりたたない！――もちろん必要な人物だとは言えない。しかし、あいにく組織には、そうした無能という能力をもつタイプ以外にもさまざまなタイプのMAがいる。

たとえば、同僚を搾取的に利用しようとたくらんでいるフリー・ライダー、機密をねらったスパイ、体制の転覆を使命（ミッション）としたテロリスト、お布施を強要するカルトや宗教団体への入信をすすめる狂信的な信者、あるいは姑息な手段でカネをだましとろうとする詐欺師、などである。

要するに、**組織のMAのなかには、自分に問題があると気づけない無能なMAがいる一方、自分に問題があるという事実を知りながらこの事実を意識的に隠そうとする機会主義的なMAもいる。**以下でMAという言葉を用いる場合には、とくに断りがないかぎり機会主義的なMAを表すものとする。

『24－TWENTY FOUR』をみたことがある人ならばわかるように、主人公の捜査官ジャック・バウアーが所属するアメリカの連邦機関であるCTU（Counter Terrorist Unit）ですら、次々と登場するスパイや内偵者のために混乱してしまった。組織は、そうした混乱を避けるためにMAをできるだけ早いうちに発見して、何らかの形で問題を解決しなければならない。

とくにMAは、はじめのうちは他の人たちに自分を信用してもらうため穏やかな自分を演出するかもしれない。そして、表面的には何食わぬ顔をして組織生活をおくりながら、時がたつにつれ、組織の人たちを犠牲にする危険な牙をむき出しにする。

またこの邪悪な獣は、獲物にねらいを定めてインフォーマルな人間関係のなかへと次第に奥深く入りこんでいく。その意図は、自分のなかにある不適切な使命や目的のために他の人たちを犠牲にすることであって、組織を適宜に利用することではない。

問題なのは、そうした使命や目的（価値）が特定の組織や個人にとっては当然のものとみなされて、しかも正当化されているということである。たとえば、いずれも社会的に容認される価値ではないが、テロ組織の観点からすれば、体制の転覆にともなう多数の死傷者はやむをえない犠牲になりうる。またカルトの観点からすれば、法外なお布施は神に近づくための望ましい手段になりうる。

ＭＡが問題を生み出すときの常套手段というのは、まず仲間のなかから価値の犠牲となる獲物を物色する。巧みな言葉をならべて獲物にへばりつき、その生き血を吸いとる。そして、獲物が抱く被害者意識を何らかの形で払拭するだけでなく、あらかじめ特定の人たちを味方として確保しておく。

たとえば、Ａの下で働いているＢ、Ｃ、Ｄ、そしてＥ、といった五人からなる組織があるとしよう。中小企業かもしれないし、あるいは大企業のなかの小集団かもしれない。具体的なイメージをふくらませるために、できるだけ自分の職場を想像してほしい。

そして、その組織ではＢがＣから頻繁にカネを借りてその都度ふみたおしていたとする。しかし、このことが組織で明るみに出るには時間がかかる。たとえば、Ｂが獲物のＣを特定するまでの時間、Ｂが巧みな言葉でＣからカネを引き出すまでの時間、Ｂが残りの四人（とくに上司であるＡ）に仲間意識を抱かせるまでの時間、ＣがＢに疑いをもつまでの時間、そして四人全員がＢにたいする疑いを共有するまでの時間、などが想定される。

五人が一堂に会した瞬間にその場で、「君はカネをせびりそうだ」と言って事前にＢを排除できればよいが、それは、あまりに不躾な行為であり全知全能でない人間の為せる業ではない。しかも、五人が四六時中一緒にいて互いに行動を観察しあうことは不可能である。つまり、**組織における個人の行動は部分的かつ不完全に観察することができるだけである。**

常識的に考えれば、ＢのＣにたいするカネの要求は二人きりのときに行われるだろう。この場合、残りの三人にとってBの悪事は余計みえにくくなる。しかも、Cが自発的にBに貢ぐように仕向けられると、Bの悪事はさらに表面化しにくくなる。つまりCは、Bに同情してその要求に沿う形でカネを与えることが自己目的と化し、カネを与えること自体によって効用を高められるようになる。

さらにBは、上司であるAに近づいて自分を売りこもうとするかもしれない。それによって、組織の権威から承認をうけたという正統性の獲得を意図しているのである。一方、C以外の同僚にたいしては、仕事以外の非公式組織での活動にも積極的に参加することで信用をえよう――仲間としてうけいれられよう――とする。

『広辞苑』によると、信用というのは「確かだと信じて受け入れること」を意味する。これとよく似た言葉が信頼であり、「信じてたよること」という意味をもつ。信頼についてはすでに第2章で、「人間関係を安定させる期待」という意味をもつと述べた。両者の意味の違いについては、たしかに厄介な問題である。しかし、人に頼るにはそれ以前に人をうけいれる必要があるので、信用は信頼に先立つものだと考えてよいだろう。

知識や期待は人によって異なる

信用と信頼は、信じるという共通の要素をもっており、期待を抱くという意味にほぼ等しいと言える。期待は、秩序の生成と深いかかわりをもつ。ノーベル経済学賞を受賞したフリードリッヒ・ハイエク（Friedrich Hayek）によると、**秩序というのは、さまざまな種類の多様な**

要素が互いに深く関係しあっているので、われわれが全体の一部分を知ることから残りの部分にかんする期待を生成している状態のことである（Hayek 1973）。要は、部分から全体が推定された状態だと言える。

組織において、それぞれのメンバーが抱く期待は異なっている。というのも、メンバーのあいだには組織とかかわっている時間、あるいは活動している空間、などにかんして知識の違いがあるからである。

たとえば、BとCの入社年度、配属先、そして仕事の種類、などをみてみると、それぞれのキャリア・パス（仕事の能力を形成してレベルを上げていくプロセスや職場の異動にかんする経歴）は異なっている。つまり、二〇〇五年に入社して以来ずっと藤沢のクライアントを担当している営業部門の人は、二〇〇七年に入社して横浜の研究所に配属された研究開発部門の人とは異なる知識をもつというのは想像に難くないだろう。

専門的に言い換えれば、二人がもっているのは「時間と空間にかんする特殊知識」（Hayek 1945）――ローカル知識（ハイエク的知識）――であって、それぞれ異なっている。人は、組織においてそうした部分的なローカル知識にもとづいて他の人たちや仕事などにかんする期待を形成し、組織の全体像を推定するのである。

次に、Bにたいする期待について考えてみる。A以外のメンバーは、AがBにたいしてどのような期待をもっているかをつぶさに確認することはない。たとえば、BがAと一緒に仕事をしながらそばで談笑している場面を頻繁に目にするだけで、「AはBを承認しているのだろう」と思いこんでしまう。そして、Bを仲間だとみなすようになる。

またAは、自分に隠れてBがCにカネをせびっているという事実を知る由もない。自分の部下としてうまくやっており、たとえばインフォーマルな場面でも一緒に出かけているといった話をきいて、C、D、そしてEが、Bにたいしてどのような期待をもっているかを確認することなく、「彼らはBを仲間としてうけいれているのだろう」と勝手に思いこんでしまう。

そして、Bに食い物にされているCは、カネを借りているのに一向に返す気配のないBから「生活が大変だ」と言われ、同情してまたカネを与える。返済をせまれば「来月返すつもりだ」と言われ、信用してまたカネを与える。「Bは仲間だから、いつかまとめて返済してくれるだろう」という期待を勝手に抱き、そのうちに同情からカネを与えることが自己目的と化していく。そしてCは、Bにカネを与え続けているという事実について沈黙を守り続ける。

このようにこの組織では、Bにかんして「まさか自分のそばにいる人間が、同じ組織のなかでカネをせびるなんてことはなかろう」という期待、あるいは「仲間だと信用している人間にかぎって、自分を食い物にするはずがない」という期待の生成につながってしまうのである。

Bは、Cにたいして巧みな話術をつうじて被害者意識の払拭と動機づけ、そして二人きりの接触機会の確保、といった努力を続け、それ以外のメンバーにたいしては、よい仲間としてのふるまいを続けていくだろう。

十を知るには一を知らねばならない

組織はBのようなMAをできるだけ早いうちに発見して問題を解決しなければ、Cのような獲物の被害額が大きくなるばかりか、C以外に獲物の数が増えていく可能性もある。その結果、組織全体が混乱してしまう。それでは、いかにして組織はMAを発見し、組織の混乱を避けることができるのだろうか。

それは、部分からつくられる全体をみなおすことである。つまり、部分的なローカル知識の移転と共有をつうじて、組織全体で共有される期待を新たに生成することである。そのためには、Cが立ち上がって真実をさらけ出し、組織のなかでBにかんして当然とみなされている期待を破壊する以外にない。

まずCは、つけこまれていた自分と向きあい内省する必要がある。そして、Bにつけこまれたという個人的な経験を、自分のなかにとどめておかずに他の人たちにも知らせる。自分のローカル知識を他の人たちと共有したうえでそれぞれの期待を確認しながら、BがMAだという期待を新たに生成し共有するのである。

しかし彼らは、Bと良好な関係をはぐくんできたという個人的な経験、あるいはBにたいして抱いている当然とみなされた期待のために、Cのローカル知識をにわかにはうけいれられないかもしれない。そのために、「まさかBが」とか「Bにかぎって」といった反応も予想されるところである。

しかし、CがBよりも組織で信用されているのであれば、そうした反応もそれほど強固なものではないだろう。また、彼らの反応を覆すには、Bにつけこまれたことを証明するための客観的な証拠（たとえば、借用書、あるいはメールや携帯電話の記録、など）があると望ましい。

さらに、この組織の人数は五人ときわめて少ないので、Cが全員の目の前で怒りをあらわにして尋常でない雰囲気を演出し、Bが機会主義的なMAだという知識を共有するという少し手荒な方法も有効かもしれない。

組織において信用はたしかに大切だが、確認なき過剰な信用——妄信——は組織にとって命取りになりかねない。妄信を避けるために、新しい知識にもとづく期待の確認が重要なのである。にもかかわらず、それは省略されがちである。

一人一人が部分的な知識にもとづいて形成している期待を、確認もせずに当然のことと思いこむ。そして、他の人たちから新しい知識を提供されたとしても、そのシグナルを安易にうけ流してしまうことによって、あるいは「まさか」や「かぎって」といったありがちな言葉で片づけてしまうことによって、当然のこととみなされている既存の期待——思いこみ——をそのまま維持する。

つまり、**部分的なローカル知識の発見、ローカル知識の移転と共有、それにもとづく個々の期待の確認、そして新しい期待の生成と共有、といったプロセスをふむことができるかどうかが、組織にとってMAの問題を発見するカギとなる。**

さらに、MAの問題そのものを解決しなければならない。問題解決の方法として、発言（voice）と退出（exit）の二つがある（Hirschman 1970）。つまり、まず組織のメンバーが発言をつうじてMAに問題を認識させて解決を促すという仕方がある。これにたいして、MAを組織から退出によって排除するという仕方もある。

いずれの仕方を選択すべきかについては、問題の大きさや質によるだろう。先のケースで言えば、Cの被害額、組織に及ぼす問題のインパクト、そしてBの属性、によるだろう。何度注意しても同じ問題をくりかえしてしまう人には、発言というオプションでは生ぬるいのかもしれない。このときは、関係を断ち切るという退出しかないだろう。

しかし、Bのような機会主義的なMAと比べると、無能なMAの問題を解決するのはいっそう難しいように思われる。というのも、問題を指摘して解決を促すという発言の努力をしても、無能なMAが問題そのものを理解できない可能性が高いからである。

またそうした努力は、プライドだけは高いこの種の問題児の「逆ギレ」すらひきおこしかねない。とくに最近、一般的に職場にはパワハラやセクハラにたいする過敏な空気があり、部下や後輩にたいする注意は、好意的なものであっても誤解のもとになりかねない。

そこで、「さわらぬ神にたたりなし」ということで発言を控え、無能なMAがいる職場ではその仕事を他の人たちが負担するようになる。つまり、ムダだとわかっている注意や教育に時間を費やして仕事をさせるくらいなら、いっそのこと自分でその仕事を処理したほうが早い。

残念なことに、同じ職場の人たちは無能なMAから多大な迷惑をこうむる。だが、その問題の解決に向けた異動や解雇を決定できるほどの強大な権限をもたないため、問題児は組織のなかでのさばり続ける。このように、発言しても意味がないし、退出させることもできないとなれば、無能なＭＡを抱えた職場の人たちのストレスは高まるばかりだろう。

自分に問題があるという事実を知っていてこの事実を意識的に隠そうとする機会主義的なＭＡにせよ、自分に問題があると気づけない無能なＭＡにせよ、組織のなかに放置しておけば、やがて取り返しのつかない組織の危機がおとずれるかもしれない。

だからこそ**組織にとってＭＡは、ガンと同様に早期発見と早期治療が大切なものなのである。**ではどのようにして、ＭＡにかんする問題の発見と解決を敏速に実現できるのだろうか。そのカギは、コミュニケーションである。

まず、小さなシグナルに敏感になることである。組織では、メンバーの何気ない発言や行動にたいして敏感になり、小さなシグナルをみのがさないという危機意識が意味をもつ。人が発するシグナルがいくら小さくても、実はそれがその人のすべてを表しているということがある。つまり、**一を知って十を知る。だが、十を知るには一を知らなければならない。**

この点で「まさか」と「かぎって」という言葉は、組織における問題の敏速な発見と解決をさまたげるだけだろう。当然とみなされている期待を延命させてしまうものなので、組織にとってはまったく不要である。

これらの言葉を排除したうえで何らかの問題を発見したら、その問題にかんする知識をえてその共有をはかる。そして、それにもとづいてそれぞれの期待を確認し、必要があれば既存の期待を破壊する。このプロセスは、**組織のメンバーによるコミュニケーションが不可欠だという**ことを意味しているのである。

さまざまな組織形態

企業とは組織という制度

企業は、制度とみなすことができる。たとえば、あるグローバル企業の経営企画部の人たちは、その部ですでに確立しているルール（たとえば、「残業しない」や「八時三〇分出社」など）に従うだろう。そして、ＪＲ東日本の田町駅の改札口を出てエスカレーターを利用する場面では、右側ではなく左側にならぶというルールに従うだろう。

グローバル企業におけるふるまい方にせよ、エスカレーターのならび方にせよ、いずれも人々の行動を制約するという点で制度（抽象的なルール）とみなされるものである。だが両者のあいだには、その生成の仕方に違いがあるばかりか、いったん生成された後の機能の仕方にも違いがある。

コネチカット大学のリチャード・ラングロワ（Richard Langlois）は、制度の生成と機能についてそれぞれ二つのタイプがあると論じている（Langlois 1992）。制度はその生成の仕方によって、意図せざる帰結として自生的に生成する「有機的《オーガニック》なタイプ」、そして創造に向けて意図した帰結としてつくられる「実用的《プラグマティック》なタイプ」にわけられる。また機能の仕方によって、ルールが抽象的で目的と独立に働く「秩序のタイプ」、そしてルールが具体的で目的に向けて働く「組織のタイプ」にわけられる。

したがって制度は、生成の仕方（有機的ないし実用的）と機能の仕方（秩序ないし組織）によって有機的秩序、実用的秩序、有機的組織、そして実用的組織の四つに分類される。このような視点からすると、グローバル企業におけるふるまい方は有機的組織なのにたいして、エスカレーターのならび方は有機的秩序ということになるだろう。

グローバル企業におけるふるまい方は、なぜ意図せざる帰結として自生的に生成される有機的な制度なのだろうか。むしろ、企業という組織の生成において起業家の意図が働くという点で、意識的につくられた実用的な制度なのではないか。

企業が組織というタイプの制度だということは、もはや異論の余地はない。そして、一般的に企業の創業時は、どれも小規模だったということも理解できる。たとえば、福原有信が一八七二年に洋風調剤薬局として資生堂を銀座で開いたときは、現在の資生堂のように二万七〇〇〇人もの従業員はいなかった。また、塚本幸一が一九四六年に京都で和江商事を創業して婦人装身具の事業をはじめたときは、現在のワコールのように一万五〇〇〇人もの従業員はいなかった（いずれも二〇〇七年時点でのグループ従業員数）。

実際これらの企業は、時間の経過とともにそれほど多くの従業員をかかえるまでに成長した。企業成長の主な要因としては、時間をつうじた事業や製品の多角化と地理的拡大が挙げられる。

資生堂は、西洋薬学にもとづく新薬の開発にとどまらずに化粧品や香水などを扱うようになり、欧米やアジアの市場に進出するグローバル企業に成長した。一方、和江商事は一九五七年にワコールへと社名を変更して以来、女性下着を中心に「美、快適、健康」といった価値を提供することでグローバルな事業展開を実現してきた。

企業の創業時には従業員の数が少なく事業もかぎられていて、組織で生ずる問題は比較的単純だったため、企業を創業した起業家は、自分のビジョンを経営に反映させて小規模な組織を管理できたはずである。しかし、成長にともない従業員の数が増えて事業も多様になっていくと、組織で生ずる問題も複雑になる。

このような状況で企業という組織は、起業家の意図した帰結とみなされるものではなく、むしろ企業をとりまく外部環境や多くの人々がかかわった相互作用による意図せざる帰結とみなされる。**企業という組織はそれ自体成長によって複雑化し、ある特定の個人や集団の意図から次第に離れていくものなのである。**

組織形態には基本形がある

企業という組織は、劇的に変化する環境のなかで人々の知識を有効に利用し、彼らに適切なインセンティブを与えるために、さまざまな組織形態を進化させてきた。そのような意味で、**組織形態は人々のあいだで役割を分担し、それらを相互に関連づけていくという分業とコーディネーションの制度である。**

たとえば資生堂では、原材料や労働などを投入して「マキアージュ」のリップグロスや「TSUBAKI」のシャンプーなどの多様な製品がつくられている。そのプロセスでは、製品の開発、生産、そして販売、などの多くのタスク（実行されるべき仕事）が行われる。そして、組織では、さまざまなタスクが束ねられてある人に割り当てられるとき、職務（特定の人が担うタスクの束）が生み出される。

また、定期健康診断の実施と指導、健康相談、健康教育、職場巡視、そして専門医療機関の紹介、などの一連のタスクが束ねられて、産業医（労働安全衛生法により常時五〇人以上の労働者を使用する事業場での選任が義務づけられている医師）の職務が生み出される。社長秘書の職務では、社長のスケジュール管理、書類の作成と整理、電話応対、会合のアポイントメント、そして会議への出席、などのタスクからなりたつ。

どのような種類のタスクが割り当てられているか、そしてタスクを実行するうえでどの程度自由に物事を決められるかといった点で、職務ごとに違いがみられる。経営企画部の部長は、社長秘書に比べてより自由な意思決定が可能なうえに求められるタスクの幅が狭い。しかし、部下が行うタスクの設定や管理により多くの時間をさかなければならない。

しかも、組織のヒエラルキーを部長から上へとのぼっていくにつれて、自分がかかわる特定のサブユニット（部分的な単位――たとえば、事業部、カンパニー、部門、部、ディビジョン、局、課、係、班、そして係、など）に集中する局所的視点ではなく、むしろ組織全体を俯瞰する大局的視点が求められるようになる。すると今度は、職務をサブユニットへと束ねて組織形態をつくることに多くの時間をとられることになる。

企業の経営者は、「タスク⇒職務⇒サブユニット」という流れにそって組織形態をつくっていかなければならない。また、サブユニット内の活発な知識移転を促進するだけでなくサブユニット間のアクティビティ同士をコーディネートすることによって、組織の全体最適を追求する必要がある。

職務をサブユニットに束ねる組織形態として、図3・1に示されるような三つの基本形が挙げられる。第一に、機能（職能）によって職務を束ねる「U型組織（機能別組織）」がある。第二に、製品（事業）や地域によって職務を束ねる「M型組織（事業部制組織）」がある。そして第三に、これらの組織形態を重ね合わせて機能の問題と製品ないし地域の問題とを同時に解決しようとする「マトリクス組織」がある。

ここで、テレビとPCを製造しているある日本企業を想像してみよう。図3・1(a)のU型組織をみればわかるように、CEOの下で生産部門と販売部門といったサブユニットごとに特定の機能がまとめられている。したがって生産部門（販売部門）は、テレビとPCを両方とも生産（販売）することで、生産（販売）にかかわるケイパビリティを蓄積していく。この点で、専門性の便益が期待される。

次に、M型組織をみてみよう。図3・1(b)の左側には「製品別事業部制」が示してあり、そこではCEOの下にテレビ事業部とPC事業部が設置されている。それぞれの事業部長の下で、生産や販売といった異なる機能がまとめられている。図3・1(b)の右側には、テレビやPCと

図3.1 組織形態の3つの基本形

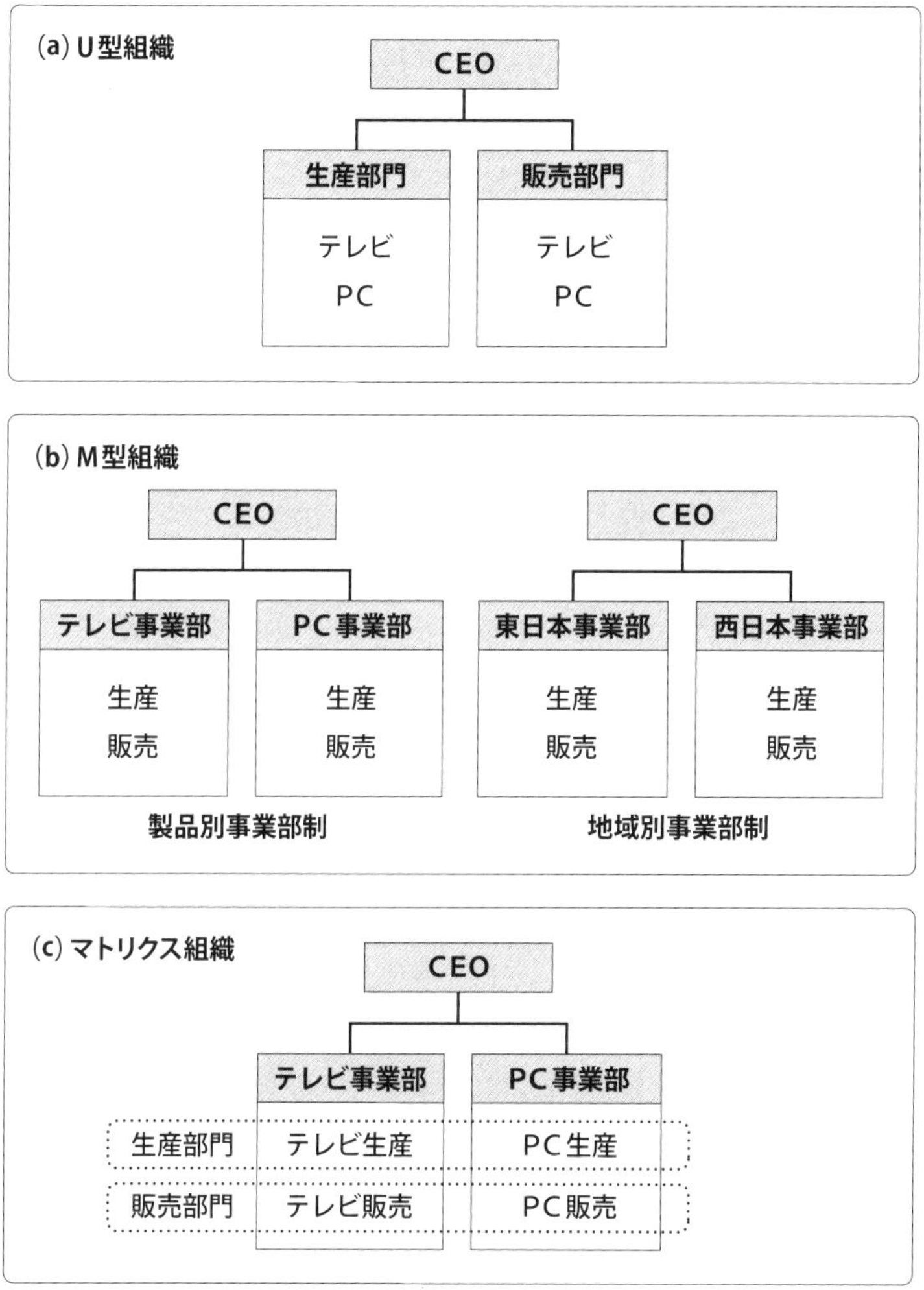
(a) U型組織
CEO
生産部門
テレビ
PC
販売部門
テレビ
PC
(b) M型組織
CEO
テレビ事業部
生産
販売
PC事業部
生産
販売
製品別事業部制
CEO
東日本事業部
生産
販売
西日本事業部
生産
販売
地域別事業部制
(c) マトリクス組織
CEO
テレビ事業部
PC事業部
生産部門
テレビ生産
PC生産
販売部門
テレビ販売
PC販売

いった製品ではなく、東日本や西日本といった地域によるサブユニットを組織した「地域別事業部制」が示してある。

いずれにしてもM型組織は、あたかも事業部が一つの企業のような自律性をもつ単位として組織されている。つまり、テレビとPC、あるいは東日本と西日本、といった異質な製品や地域ごとに自律的なサブユニットが編成されており、サブユニットは生産と販売というすべての機能をもっているため、それぞれの製品や地域で生じた固有の問題を敏速に発見し解決できると期待される。

近年、日本企業では事業部や事業本部などの自律的なサブユニットを「BU《ビーユー》」と呼ぶようになっている。もちろん、この呼び方は「事業単位」を表す英語“Business Unit”に由来する。呼び方はさまざまだが、それらは特有の市場や競争相手をもち、競争に勝つための事業戦略を策定する単位とみなされる。

U型組織とM型組織の性質については、経営史家であるアルフレッド・チャンドラー（Alfred Chandler）の研究をきっかけとして広く理解されるようになった。チャンドラーは、*Strategy and Structure*（1962）という著作のなかで有名な「**組織は戦略に従う**」という見解を示した。

20世紀初頭のアメリカでは、自動車産業が発展しつつあった。今では「自動車王」として知られるヘンリー・フォードが、フォードを設立したのは一九〇三年のことである。彼は、大量生産と大量販売によって低価格の自動車を普及させようというビジョンを抱いた。そのために、

T型というたった一車種の黒い車にしぼりこんでU型組織をつくった。

一方、一九〇八年にウィリアム・デュラントが創業したGM（ゼネラル・モーターズ）は、M&Aをつうじた成長を志向したが途中で失敗してしまう。しかし後に、アルフレッド・スローンが経営再建に着手し、所得水準によって市場をセグメント化することで顧客の多様なニーズに適応し、多様な自動車を生産するという多角化を志向するとともにM型組織をつくった。

その結果、フォードはGMにマーケット・シェアをうばわれてしまった。企業が抱える問題が複雑化しすぎてしまい、CEOが長期的な戦略策定や短期的な事業運営にかんする責任をはたせなくなったときに、U型組織の弱みが露呈してしまうのである（Chandler 1962）。このような場合には、分権化をはかって他の人たちの力にたよるしかないだろう。

第三の基本形であるマトリクス組織は、専門性をもつU型組織と自律性をもつM型組織を適宜にバランスさせる組織形態である。図3・1(c)をみてみよう。部門と事業部が交差した部分（たとえば、テレビ生産）に人が配置されて、この人は同時に二人の上司をもつことになる。そのために、「ツー・ボス・システム」と呼ばれることもある。

しかしそのために、マトリクス組織は部下にたいして権限の混乱を経験させてしまうこともある。つまり、どちらの上司に従ったらよいのか。部下は二人の上司の板ばさみになって、思い悩まなければならない。

ABB（アセア・ブラウン・ボベリ）は、一九八八年にスウェーデン企業のアセアとスイス企業のブラウン・ボベリが合併してできた企業で、事業と地域を軸としたマトリクス組織を採用してきた企業として知られている。

そこでは、発電機器事業や輸送用機器事業などの事業に加えてヨーロッパやアメリカなどの地域を軸としたマトリクス組織を採用し、それぞれの軸に副社長を配置した。これによって、グローバルな事業展開とローカルな市場適応を同時追求する「マルチ・ドメスティック組織」とでも言うべきマトリクス組織を志向した。しかし劇的な環境変化のために、一九九八年にマトリクス組織から製品別事業部制への移行をはかりグローバルな事業展開を追求するようになった。

ＡＢＢでマトリクス組織がうまく働いたのは、機能や地域の壁をとりはらって社内のコンフリクトを最小限にとどめ、企業家的な思考と行動を可能にする文化が生成したことが大きい。実際ＣＥＯ自身、自分のビジョンを明確にするとともに個人の自発性と責任を中核とした文化を徹底すべく、コミュニケーションに多くの時間を費やしたのである（Bartlett and Ghoshal 1997）。このように組織形態は、人と文化の働きがあってこそうまく機能すると言える（第４章）。

組織形態を実験する

これまで述べてきたように、組織形態には三つの基本形がある。経営者は、職務をサブユニットに束ねて組織形態をつくらなければならない。そうした組織デザインは、自社の既存の組織形態や他社の組織形態に依拠する形で行われる。

組織デザインで重要なのは、人々による問題の発見と解決を可能にするための仕事をルーティン化し、そこで対応できない問題を適宜にヒエラルキーの上層で処理するという官僚制の基礎を構築したうえで、自社に適した形で基本形を修正して発展させていくことである。たとえば、U型組織とM型組織の中間形態としての「一部事業部制」、およびBUの束ね方を変更した「事業本部制」は、そうした発展形とみなされる（以上については、沼上［2003, 2004］に負う）。

また「カンパニー制」も、M型組織がもつ自律性をさらに高めたという点で発展形とみることができる。M型組織の理想は、それぞれのサブユニットにたいしてあたかも独立した企業のような自律的な事業運営を可能にさせることだった。しかし実際には、日本企業でそうした理想を十分に実現することはできなかった。

日本では、ソニーを皮切りに東芝や日立などの大企業がその導入を試みるなど一時は、カンパニー制という組織形態の実験に着手する企業が増えた。カンパニー制の下では、社内のサブユニット（「カンパニー」）の固定資産やリスクなどを勘案して擬似的な資本金を算定して管理会計に用いる社内資本金制度が導入された。

またカンパニーは、事業部や事業本部などの束で設定され、その長は、包括的な権限を与えられる一方で個々の損益計算書と貸借対照表を作成しなければならなかった。本社（「コーポレート」）からの資本金や借入金に配当目標や金利が設定され、カンパニーの収益性が厳密に評価されたのである。

そしてカンパニー制は、財務や経営の面で高い自律性を実現しただけでなく、意思決定の迅速化や環境変化にたいするフレキシビリティ（柔軟性）を発揮した。しかし、カンパニーの自律性が高まったのとは裏腹に、同じ企業に属していながらもまとまりのない非協力的な行動が促進され、その結果、カンパニー間のコンフリクトは深刻化して全体最適とはほど遠い経営成果が生み出された。以下では、ソニーによる組織形態の実験についてみてみたい。

CASE5 ソニー

ソニーは、日本ではじめてカンパニー制を導入した。一九八二年九月に社長に就任して以来、さまざまな経営改革を実行してきた大賀典雄は、カンパニー制の導入にも主導的な役割をはたした。実際カンパニー制に先立って、一九八三年五月には事業本部制を導入していた。

この組織形態は、事業領域ごとにいわば小さな会社として事業本部を設け、その長に製造から販売にいたる広範な権限を委譲することで、自己完結的経営を促進することを意図したものだった。しかも事業本部長は、損益計算書と貸借対照表にかんする責任を負うことになった。

一九八〇年代の成長時代に事業本部制はうまく適応し、その下でCDやリチウムイオン二次電池などの画期的な製品が生み出された。しかし一九九〇年代に入り、環境変化などの影響もあって新しい組織形態を模索しなければならなくなった。そこで大賀は、一九九四年四月に一九の事業本部を八つのカンパニーに束ねなおして、そこに長であるプレジデントを配置した。

大賀は、迅速で高い自律性の組織を志向してカンパニー制を導入した。カンパニー制を導入した意図について詳しく述べると、次の五つにまとめられる。

①中核事業の強化と新規事業の育成。

②市場対応型組織の導入によって製造と販売を一体化させて、市場のニーズに対応する。

③事業責任の明確化と権限委譲による外部変化への対応。

④階層の削減。

⑤企業家精神の高揚をつうじた21世紀のマネジメントの育成。

プレジデントは、かつての事業本部長よりも大きな責任——損益計算書と貸借対照表だけでなくキャッシュフローにかんする責任など——と大きな権限——ある範囲内での投資決裁権やカンパニー内の人事権など——をえた。そして、本社から配賦される資本金にたいして収益性を確保し、企業家精神を発揚して自律的な経営を実行することが求められた。

その後、ソニーは頻繁に組織形態を修正する。だが二〇〇五年九月に、部分最適をもたらした原因としてカンパニー制を廃止することを発表した。テレビ事業本部などの製品分野に結びついた事業本部制に再編し、技術やマーケティングなどで事業本部を超えた連携を強化した（以上については、［http://www.sony.co.jp/SonyInfo/CorporateInfo/History/SonyHistory/2-24.html］を参照）。

カンパニー制は法によって規定された制度ではなく、企業によって運用の仕方が異なっているのが実情である。M型組織の自律性を高めた発展形とみなされるが、それと同時に「持株会社」にいたる過渡的な形態とみなすこともできる。

持株会社は、他社の株式を所有する目的でつくられた組織形態である。通常の事業会社とは異なり、それ自体が事業を運営せずに資本を提供する法的な存在である（Chandler and Daems 1980）。要は、資本をつうじて他社の事業を支配する。

日本では、新たに解禁された「純粋持株会社」を単に持株会社と呼ぶ傾向がある。独占禁止法は、長いあいだ純粋持株会社の設置を禁止してきた。その代わりに、大企業を中心とした株式相互持合いの慣行をみればわかるように、事業を運営するとともに他社の株式を所有する「事業持株会社」が発展した。

しかし一九九七年に、独占禁止法改正によって純粋持株会社が新たに解禁されたのである。その後、一九九九年には商法改正によって「株式交換制度」と「株式移転制度」が創設され、企業のグループ経営の効率化がはかられた。

株式交換制度とは、一方の会社が他方の会社の発行済株式のすべてをもつ完全親会社となるための制度をいう。これにたいして株式移転制度は、既存の会社が単独ないし共同で自ら完全子会社となって完全親会社である純粋持株会社を設立するための制度である。

さらに二〇〇一年には、商法改正によって「会社分割制度」が創設された。それは、会社が組織再編を行うために事業の全部ないし一部を分離して、他の既存ないし新設の会社に継承させる制度である。これによって企業は、選択と集中の戦略を追求して経営資源を機動的に配分できるようになったと言われている。

しかし一方で、持株会社は「対等合併」に固執する日本企業の経営者にとって好都合な組織形態でもある。M&Aに合意した企業は持株会社を新設すれば、その下でどの企業も消滅することなく存続できる。しかも、買収する側と買収される側といった主体と客体の関係が生じることはなく、あくまでも対等な関係をアピールできる点でも好都合である。では、代表的な持株会社の一例としてセブン&アイ・ホールディングスについてみてみたい。

CASE 6 セブン&アイ・ホールディングス

商法改正によって株式移転制度が新設されたことで、日本企業は敵対的買収にたいする防衛策としてこの制度を活用できるようになった。たとえば、イトーヨーカ堂とセブン-イレブン・ジャパンのあいだには親子会社関係があった。だが、資本のねじれが生じていて、前者の株式を過半数所有できれば後者の経営を支配できる状態だった。

そこで、二〇〇五年九月に、セブン&アイ・ホールディングスという持株会社が設立された。社名の一部となっているセブンとアイは、コンビニエンスストアや総合スーパーなどの七つの事業領域、そしてイノベーション（Innovation）の頭文字の「I」と「愛」をそれぞれ表している。

この持株会社は「新・生活総合産業」というビジョンを掲げ、その傘下にはイトーヨーカ堂とセブン-イレブン・ジャパン以外にもさまざまな事業会社（たとえば、デニーズを運営するセブン&アイ・フードシステムズ）が存在する。そうした事業会社のあいだでは、仕入れの共通化や商品の共同開発などが促され、グループにおける経営資源の有効活用が模索されている。

セブン&アイ・ホールディングス以外にも、持株会社を設置してグループ経営を志向しているケースは多い。たとえば、先に登場した女性下着のワコールはワコールホールディングスの傘下にあるし、小雪や中村獅童のマネジメントにかかわっているエイベックス・エンタテインメントはエイベックス・グループ・ホールディングスの傘下にある。

これまでみてきたように、**経済や法などの環境変化によって、従来うまく機能してきた組織形態が陳腐化してしまうこともある。**しかし経営者は、そうした変化を敏感にとらえて行動するのであれば、新しい適応的な組織を発見できる可能性は高まるだろう。

岐路にたつ組織形態

かつてＡＢＢには、パーシー・バーネヴィクというＣＥＯがいた。実は彼こそ、マトリクス組織をうまく機能させるうえでリーダーシップを発揮し、人々に文化を植えつけ活力を与えた人物にほかならない。

彼は、「グローバルとローカル」「大規模と小規模」、そして「集権化と分権化」、といった対立項を解決したときに、組織の優位性が確立されると論じている。さらに、企業の成功は五％が戦略によって、そして残りの九五％が実行によって決まるとも述べている。

したがって、組織は戦略を実行するための道具とみなすこともできるので、企業の成功のカギは組織にあると言っても過言ではないだろう。企業は、環境変化のなかで人々の知識を有効に利用し彼らに適切なインセンティブを与えるために、さまざまな組織形態を進化させてきたのである。

組織形態は、人々の相互作用のなかから進化を遂げて時間をつうじて彼らの行動を制約する一方で、彼らの情報収集の手間を省いている。この点で組織形態は、人々が当然のものとみなす制度であり、分業とコーディネーションに寄与している。

職務をサブユニットに束ねて組織形態をつくることは、経営者に求められる課題である。そして組織デザインの基礎は、問題の発見と解決を可能にすべく仕事をルーティン化するとともに対応できない問題をヒエラルキーの上層で処理する官僚制にある。

ソニーによる事業本部制やカンパニー制の実験をみてもわかるように、組織デザインは既存の組織形態に依拠して行われる。**経営者は、環境変化のために陳腐化してしまった組織形態を進化させる必要がある。**つまり、いったんできあがった組織形態がいつまでも有効だとはかぎらないので、新しい環境に適合した組織形態を進化させるのである。

たとえばM型組織において、さまざまな知識を利用するためにサブユニットにたいするエンパワーメントによって分権化が進められる。しかし、個々のサブユニットの観点からまとまりができるとしても、それが組織全体の観点からみてうまくまとまった状態だとはかぎらず、全体からみればその部分のまとまりはばらばらにすぎないということがありうる（第4章）。

企業が成長するにつれて分権化が進み、生じる組織の問題も創業者や起業家一人の力では解決できないほどに複雑化していく。そして、企業をとりまく環境も時時刻刻と変化していく。しかし、環境が変わったことをつねに認識できるだろうか。そして、当然とみなしてきたものを変えられるだろうか。場合によっては、成功が突如として失敗に化けることもある。

この点で「まさか」と「かぎって」という言葉は、組織における問題の敏速な発見と解決をさまたげる。だからこそ、さまざまな人たちの立場に置き換えて彼らから何かを吸収しようという広い視野が求められる。つまり経営者は、自分の考え方に固執するのではなく他の人たちの意見に耳をかたむけることも大事である。それによって、共感力が養われるのである。

そして、いかに人と人とのコミュニケーションを実現できるかという問いが、組織では重要な意味をもつ。だが、進化と陳腐化の岐路にたつ組織形態を救えるのは、組織デザインの責任者——経営者やマネジャーなど主体のポジションの人たち——にほかならない。

しかも、企業ではさまざまな要素が複雑にからみあっているため、彼らは最前線にたって完璧な戦略を策定するというよりは、むしろ適切な戦略の探索や安定化を促すような有効な組織をつくる必要がある（Rivkin and Siggelkow 2006）。

組織は、戦略を画餅におわらせることなく、あくまでも実行するために重要な意味をもっている。

第4章

組織で共有された特有

——組織文化

第4章のハイライト

★**組織文化は、組織で共有された特有である。**シンボル（組織の言語やルール）やフォーカル・ポイント（組織の人々の判断基準や行動指針）として、組織をまとめる機能をはたす。そして、組織の人々に学習の枠組を提供することで特有の行動を導く制度である。

★**起業家は、自分のビジョンを共同で成し遂げるために企業を創業する。**

★組織の人々とのコミュニケーションをつうじてビジョンを組織に浸透させる過程で、企業文化が発展する。しかし文化は、組織そのものの変化をさまたげてしまうことがある。

★**リーダーは、部分最適や非協力を促進するような文化にたいして変化の矛先を向けねばならない。**変化する環境に敏感になり、環境変化、ビジョン、そして文化のあいだに適合的な関係をつくり出さなければならない。

組織や企業の文化

ウチの常識はソトの非常識

会社の文化《カルチャー》は、どのようなものだろうか。——たとえば、上司と部下の距離感が適切で人間関係がうまくいっているかどうか。個人の成長を何よりも大切にするような雰囲気を肌で感じることができるかどうか。「悪いこと、したくないこと、不適切なこと」にたいして、はっきり「No《ノー》」と言える勇敢な人がたたえられるかどうか。「できる人」や「仕事をしている人」が報いられる環境かどうか。あるいは、新しい製品の開発や顧客満足に組織が一丸となって取り組むような熱心さがあるかどうか。

「文化」という言葉は、普段何気なくつかわれているようである。しかし、いざその意味を説明するとなると、意外に難しいということに気がつくだろう。会社にせよ出身校にせよ、身近な組織をみればわかるように、文化はいたるところに存在する。

たとえば、「社員第一がうちのカルチャーだ」や「母校の文化は腐りきっている」などの表現、あるいは「わが社には失敗をおそれない社風がある」や「わが校には自由な校風がある」

などの表現をみれば納得できるのではないだろうか。

本書では、組織や企業の文化を特有のシンボル（組織の言語やルール）やフォーカル・ポイント（組織の人々の判断基準や行動指針）とみる。そうした文化は、人々のアイデンティティ（一体性）を創造することによって、組織のメンバーシップや学習を左右し特有の行動を導くような制度である。あるいは、世代のあいだで脈々と継承される価値で、組織で共有された特有である。

文化には、①可視性（外部から観察できる）、②深さ（多くのルールによって構成される）、③整合性（組織にはルールにかんする合意がある）、④適合性（戦略との適合）、といった性質があると言われている（Camerer and Vepsalainen 1988）。

また一般的に、組織の文化が「組織文化」と呼ばれるのにたいして、企業という特殊な組織の文化は「企業文化」と呼ばれる。本書では、このことをふまえたうえでこれらの言葉を厳密につかいわけることはせず、主に企業を対象として説明していきたい。

一般に組織の文化について話す場合、その価値、風土、あるいは体質、などの意味をこめる傾向がある。さらに、その独自性や特異性——他の組織との区別を可能にする特有の何か——を念頭におきながら話すことが多い。

特有の文化は、組織の人々のあいだで共有されてまとまりをつくるのに貢献する。しかし、環境が変わったときでさえ、それがしがらみになって人々をしばりつけて組織そのものの変化をさまたげてしまうこともある。

ある組織で共有された特有は、そこでは当然とみなされている常識だとしても、他の組織では一変して非常識とうけとられてしまうことがある。かつて野村證券の調査をしたときに、この組織のなかではあたり前だが、他では通用しない特有の言葉（たとえば、「マル」という言葉）があるということを発見した（谷口 1998）。

組織に特有の言語（組織言語）は、部外者にとって意味不明だとしても内部者にとっては特有の意味をもつ。野村の大手町本社があるアーバンネット大手町ビル周辺には、タフな仕事をこなす野村マンが数多く出没する。そして、そのビルの地下一階にあるDAY・NITEという店に行けば、「午後の会議はマルになった」という野村ウーマンの会話をたまたま耳にするかもしれない。しかし、その意味は部外者には謎である。

また、この企業の社長であった「大田淵」こと田淵節也は、二〇〇七年一一月に『日本経済新聞』の連載「私の履歴書」に登場し、特有のふるまい方を求める特有の社風に言及していた。その真偽のほどは別として、たしかに野村は社員に厳しいノルマを課すという社風に由来して「ノルマ證券」と呼ばれたり、あるいは社章の模様を読みかえて「ヘトヘト證券」と呼ばれることもある。

しかし、野村の社章にヘトヘトとは記されていない。そもそも、その社章が制定されたのは一九五四年で、創業家の野村家の紋章であるツタの葉に山の形とトの文字をあしらったヤマトの社章である。山の形は江戸時代からカネに縁のある商家が冠していたヤマの屋号に、そしてトの文字は創業者の名前である徳七に、それぞれ由来する。

にもかかわらず、その社章からヘトヘトという言葉を勝手に思い浮かべて、社員がヘトヘトになるまで働いている姿をつい想像してしまう。一方、野村で働く人たちからすれば、ヤマトの社章は、タフなビジネス・パーソンであることを要求する野村という組織の一員であることの証にほかならない。

特有の社章をつけている自分は、自分と同じ社章をつけている人をみれば、その人が特定の組織の一員だということ、特有の組織言語を理解していること、そして特有のふるまい方を身につけていることが一目でわかる。また特定の店に行けば、特有の組織言語を用いてコミュニケーションをはかっている内部者がいることがわかる。

このように**組織は、さまざまな特有をつうじてメンバーシップを確立することで内部者と部外者——「ウチ」と「ソト」——を区別している。**次に、少し理論的に文化の性質を考えてみよう。

組織で継承されるもの：シンボルとしての文化

これまで、文化とは何かという根本的な問題は「文化人類学」という分野で扱われ、人間がつくり出した文化の性質にかんする実証研究が行われてきた。文化人類学者のクリフォード・ギアツ（Clifford Geertz）は、**文化がシンボルの形で表現され、人々によって知識や態度の伝達や永続化のために利用される**と述べている（Geertz 1973）。

ギアツによれば、基本計画（たとえば、単に話をすること）は、シンボルとしての文化をつうじて行為（たとえば、特有の言葉を用いて話をすること）に変換される。単に話をする能力は、一般的に人間に与えられるもので遺伝子によって決定される。しかし、その人が特有の言葉を用いて話をするのは単に話をするのとは異なる。

野村について言えば、ヤマトの社章に加えて「マル」に代表される特有の組織言語もシンボルとみなされる。そして、野村で働く人々が野村でしか通用しない特有の組織言語を話せるのは、遺伝子というよりはむしろ文化のなせる仕業である。つまり、普通の人が野村という組織に参加して特有のふるまい方を学習した結果なのである。

この点で、ノーベル経済学賞を受賞したダグラス・ノース（Douglass North）は、**文化とは世代間の規範や価値の移転プロセスであり、言語がその基本的な要素になっている**と述べている（North 2005）。過去の世代の人たちが学習した知識は、現在の世代の人たちに移転されてその学習にたいして影響を及ぼす。

たとえば、ある証券会社の社長がかつて入社したばかりのころ、「自分に営業の仕事は向いていないのではないか、証券マンとしてやっていく自信がないのでこの会社を辞めたほうがいいのではないか」といった問題に直面したとしよう。そして、当時の上司や同僚に相談しながらも、やがて「あせることなく前向きに努力してみよう」という答えにたどりついた後、めきめきと成長して、やがて社長の座にのぼりつめたとしよう。

すると今度は、その社長が苦悩してきた経験は組織の知識としてこの営業部門のなかで類似の問題に直面した新しい世代の人たちに伝えられ、彼らの学習に影響を及ぼす。そして時間をへて、さらに新しい世代の人たちの学習にも影響を及ぼす。

とくにこの組織では、その社長の当時の活躍は伝説として語り継がれるとともに、「あせらず前向きに努力するのがよい」といった価値が共有されて、それにもとづく行動が支持されるようになる。

しかも、そうした世代間の価値や知識の継承は、企業のなかで時間をつうじてしかも集団的に行われる。——たとえば、金融商品にかんする営業ノウハウを知っているのは証券会社なのであって、特定の個人でも特定の集団でもない。さらに、その組織においてどのような行動が望ましいか、そしてどのように行動すべきかといった判断基準や行動指針についても同じことが言える。

このような点において、企業は時間をつうじて企業文化を持続的に貯蔵し移転する役割をはたしている。企業文化は、共有された単なる情報というよりは、むしろ共有された思考や行動の枠組なのである。組織の人々に学習の方法や言語などを提供することによって彼らの学習を促進し、組織の生産性を左右する（Hodgson 1996）。

つまり**企業文化は、問題に直面したときにどのように考え、そしてどのように行動してそれを解決するかといった学習の枠組である。**企業を含めて一般的な組織というものは、時間をつうじて人々の知識や価値の蓄積や発展をはかるとともに、世代のあいだで思考や行動の仕方を継承していく。

有効な文化は、シンボルとして組織の人たちの協力を引き出すとともに、彼らに認知的な枠

組を提供する役割をはたす（Scott 1995）。しかし、組織や企業の文化はどこからやってくるのだろうか。この問題については後ほど説明するとして、まずは特定の組織で理解されている組織言語、そしてそれをつうじて確立されるアイデンティティについて考えてみたい。

組織言語とアイデンティティ

コーディネーションの失敗と言語

ノーベル経済学賞を受賞したケネス・アロー（Kenneth Arrow）によれば、言語は組織においてコミュニケーションのためのコードとして機能する（Arrow 1974）。言語がなければ、人々は相互作用を展開できない。だが、言語は組織ごとに異なる。つまり、人々が特定の組織で特有の言語を身につけることは、関係特殊投資（特定の関係の下でしか価値をもたない投資のことで、他の関係の下では価値を失い埋没してしまう）とみなされる。

第3章でも述べたが、現代のさまざまな組織には、機能、役割、製品、あるいは地域、などによって区分された複数のサブユニットが存在し、それぞれのサブユニットで用いられている言語は、同じ企業だとは言えども違うことがある。

先の野村について言えば、複数の部署でつかわれている共通の言語があるにせよ、その利用頻度は部署によって違い、また特定の部署だけで用いられる特有の言語もある。たとえば、大手町本社にある複数の部署で「毎度」という言葉が用いられていたとしても、ある支店ではそれが用いられていなかった（谷口 1998）。

また、湾岸戦争後のブラックホーク撃墜事件が例証しているように、組織間の言語が違うことで生じるコーディネーションの失敗（意思決定や行動の調和をうまく実現できないこと）は、全体として深刻な影響をもたらしかねない（以下の点については、主にCrémer, Garicano, and Prat［2007］に依拠している）。

つまり、組織ごとに専門化した言語は、特定の組織の内部について言えばコミュニケーションを促進する。しかし、異なる組織のあいだではコミュニケーションを制約する結果、コーディネーションを失敗させ全体的に望ましくない結果をもたらすかもしれない。

一九九四年四月、輸送ヘリだったアメリカ陸軍のブラックホーク二機がアメリカ空軍のF－15戦闘機によってイラクの飛行禁止区域で誤って撃墜され、平和維持軍二六名が死亡するという事故がおきた。同じアメリカという国の軍隊ではあったが、陸軍と空軍のコードのあいだには大きな隔たりがあり、それが悲惨な事故につながったと言われている。

「航空機」という言葉の意味にかんして、空軍はヘリコプターを含めてとらえていたが、陸軍はそれを除いてとらえていた。空軍のパイロットにしてみれば、イラク軍機の飛行を禁止している飛行禁止区域にアメリカ軍のヘリコプターがいることはありえないことだったのだろう。

一方、陸軍のパイロットにしてみれば、イラク軍機の飛行を禁止しているとしても、アメリカ軍であればヘリコプターの飛行は問題ないと考えたのだろう。しかも、AWACS（早期警戒管制機）の管制官はヘリコプターを警戒しておらず、戦闘機のパイロットの聞き役になっていたためその行動を制止できなかったようである。

このように、複数の組織のあいだで同じ言葉が用いられていたとしても、それぞれの組織によってそのカテゴリーや意味が違うと、それぞれの言語は違うものとみなされる。**異なる言語をもつ組織のあいだでは、意思疎通がうまくできない結果として行動や意思決定のくい違いが生じ、全体的な観点からみて望ましくない結果がもたらされるのである。**

組織と一体化する個人

組織言語は、組織のメンバーシップを確立することで内部者と部外者を区別する役割をはたしている。つまり、「自分と同じ言葉を話しているから自分の仲間である」とか、逆に「自分と違う言葉を話しているから自分の仲間ではない」といった区別を可能にする。

また、内部者にとって特有の組織言語をあやつる能力は、特定の組織のなかで生きていくうえでは不可欠である。たとえば新卒学生は、特定の企業に就職してその組織言語を身につけると、その言語をさらに学び続けるうえに、それを身につけた人たちと頻繁にコミュニケーションをとるようになる。このことは、内部者として特定の組織のなかに埋め込まれていくことを意味する。

社会学者は、このようなプロセスを「社会化」と呼んできた。実際、新卒学生を自社特有の色に染めるために、研修やセミナーなどと称するさまざまな機会を設けている企業も数多く存在する。それは、組織の文化を身につけさせること——ある種の「洗脳」——を意味する社会化のための手段なのである。

とくに大学生について言えば、在学中であるにもかかわらず「同期会」などと称して就職内定者で集まる機会を自発的に設けること、あるいは就職先が内定した途端にゼミでの会話や議論で「弊社」という言葉を進んで用いるようになることがよくある。つまり、入社前であるにもかかわらず会社と一体化して、「擬似ビジネス・パーソン」と化している。

会社にしてみれば、彼らができるだけ早い時期に組織と一体化するのは望ましいことだろう。就職後は、彼らに特定のタスクを割り当てて、その効率的な遂行に向けてインセンティブの仕組（たとえば、報酬支払、昇進、社宅の利用、住宅手当の支給、ノルマの設定、タイムカードによる労務管理、研修やセミナーの機会、海外留学の機会、そして育児支援の取組、など）をつくり、彼らを動機づけなければならないのである。

しかし人は、さまざまな選好（「好み」や「嗜好」と呼ばれる好ましさの順序づけ）をもっている。そのため企業にとって、それぞれの選好に適合したインセンティブの仕組を用意することは不可能だろう。また企業は、彼らがどのくらいまじめに努力しているかを正確に観察したり、あるいは適切に測定することもできない。

したがって、企業のなかでは情報の非対称性やインセンティブの不整合にかかわるさまざまな問題が生じてしまう。そうした問題については、ノーベル経済学賞を受賞した三人の経済学者――ジョージ・アカロフ（George Akerlof）、マイケル・スペンス（Michael Spence）、そしてジョゼフ・スティグリッツ（Joseph Stiglitz）――が先駆的に分析してきた。

　このように、情報やインセンティブにかんする問題があるため、上司は部下が会議で自分の指示を適切に理解してくれたようにみえたとしても、本当に指示通りに行動するかどうかを正しく把握できない。たとえばその部下は、クライアントのところへ交渉に出かけていったと思いきや、早々に仕事をきりあげて平日のたそがれ時の釣り堀で糸をたらして、文字通りたそがれているかもしれない。

　だが、上司にとって部下のそばにはりついてその行動を監視するのは、非合理であり不可能でもある。しかし、企業で働く人たちの体内にＩＤチップを埋め込んでＧＰＳと連動させ彼らの所在を特定する監視システムが、当然とみなされる日もそう遠くはないのかもしれない。

　このような可能性を別とすれば、組織の人々にとってアイデンティティは重要な動機づけの要素となるだろう。つまり**組織は、アイデンティティを創造する能力を発展させることができればうまく機能する**（以下については、Akerlof and Kranton［2005］に依拠している）。

　人は、規範（「自分や他の人たちがどのように行動すべきか」という考え方）を気にしている。しかもそうした規範は、その人がどのような状況（いつ、どこで、どのようにして、誰と取引を行うのか）におかれているかによって左右される。とくに、「誰と」という社会的カテゴリー（たとえば女性か男性か、上司か部下か、あるいは既婚者か独身者か、といった人のタイプ）は、相互作用の場面で重要な意味をもつ。

アイデンティティとは、自分の社会的カテゴリーであるとともに、他の人たちが自分や自分の行動をどのように感じているかという自分にたいするイメージのことである。たとえば、販売部門という社会的カテゴリーに属している人は、その部門でいかに行動すべきかという特徴にかんする理想（たとえば、「新規顧客の拡大をつうじて売上をのばす」や「アフターサービスの充実でリピーターを増やす」など）をもつだろう。

しかし、その社会的カテゴリーと一体化した人にとって、そうした理想から乖離した行動をとる場合に加えて、自分の仲間が理想を実現しない場合には、効用（えられる満足）が減少してしまう。そして、特定の社会的カテゴリーにかんする規範を内面化した人は、特定の行動を選択する傾向を強めていく。

このように**文化は、アイデンティティの創造によって人々に価値や規範を内面化させて、彼らによる特有の行動を促進する役割をはたしている。**この点において組織は、人々のアイデンティティを確立する規範的なテリトリー（領域やなわばり）とみなされる（Kogut and Zander 1996）のであり、そこでは、**文化をつうじて個人と組織の一体化が促される。**

文化はどこからやってくるのか

起業家のビジョン

さきほど組織や企業の文化は、どこからやってくるのかという文化の起源にかんする問題を提示したが、次にこの点について考えてみたい。まず理解しなければならないのは、言語は基本的な制度だということである。つまり、人が生まれたときにはすでに言語が存在しており、そのおかげで世界の理解に加えて他の人たちとのコミュニケーションが可能になる（Hodgson 2001, 2006）。

制度のない自然状態を想定したうえで、文化の起源を考えるのは適切ではない。企業という組織には、その設立にたずさわった起業家がいる。その性格や世界観などが反映されたビジョンにもとづき、多くの人々が相互作用をすることによって言語を含むさまざまな制度が発展していく。

「資源ベース論」の基礎をつくったエディス・ペンローズ（Edith Penrose）によれば、ビジョンは経営者が直面している機会や制約にかんするイメージで、その心のなかに存在するのである（Penrose 1959）。

ここでは、「ビジョン」という言葉を、企業理念、経営理念、ミッション、そして社是、などといったものを包括的にとらえた意味で用いる。それは、企業が将来的にどうなりたいかやどうありたいかといった理想像であり、企業の存在意義、進むべき方向性、そして経営の基本的な考え方を表している（十川 2000; 谷口 2006a; 吉森 2008）。

第2章でもすでに述べたように、最高のリーダーシップとは、組織において人々の協力を促進するような文化の創造である。そして**企業は、起業家のビジョンを実現するために存在する**（Witt 2000, 2007）。起業家は、自分一人だけでは実現できないビジョンを他の人たちと共同で成し遂げるために企業を創業したのである。そうしたリーダーシップは、コミュニケーションをつうじてビジョンを彼らに理解させるうえで不可欠である。その過程で、組織では共有された物事の解釈の仕方が発展する。

たとえば、ビル・ゲイツとポール・アレンによって一九七五年に設立されたマイクロソフトでは、「すべての机に、すべての家庭にコンピュータを（A computer on every desk and in every home)」というビジョンにもとづいて、さまざまな事業や製品（たとえば、ＯＳのＷｉｎｄｏｗｓ、オンラインサービスのＭＳＮ、そして家庭用ゲーム機のＸｂｏｘ）が生み出された。このビジョンにもとづいて、この企業の生え抜き社員であるいわゆる「マイクロソフティ」は特有のオタク文化を発展させてきた。

二〇〇八年二月にマイクロソフトはヤフーに四四六億ドルの買収案を提示したが、ヤフーはこれをあっさりと拒絶した。しかし、買収価格をめぐる駆け引きがしばらく続いた結果、五月にマイクロソフトはヤフーの買収を断念すると発表した。やはり、両社のあいだには文化の壁以外にもさまざまな障害があるために、仮想合併企業のマイクロフーは、ひとまず仮想のままで終わってしまった。だがその後、さまざまな憶測が報じられているのも事実である。

また、日本の代表的な清涼飲料メーカーである伊藤園のＨＰ（http://www.itoen.co.jp/）をみてみると、「経営理念・経営方針」という項目がある。そこには、すべてのステイクホルダーに配慮するという「お客様第一主義」のビジョンが示されている。

伊藤園は、一九六六年に本庄正則と本庄八郎の兄弟によって設立された。その当時は、フロンティア製茶という社名だった。現在では、日本茶飲料の「お〜いお茶」やチルドカップコーヒーの「タリーズコーヒー　バリスタズスペシャル」などの革新的な製品をつうじて、アメリカやオーストラリアなどの海外にグループ企業をもつまでに成長した。このような成長は、起業家のビジョンとそれにもとづき進化した文化によって支えられてきたとみることができるだろう。

部分のまとまりは全体のばらばらなのか

起業家のビジョンは、時間をつうじたコミュニケーションの過程で組織の人々に共有されて特有の言語やふるまい方を進化させる。それが世代のあいだで継承されて、組織にまとまりを生み出していく。さらに、組織の成長とともに増殖していくサブユニットでは特有の下位文化が生成して、サブユニットの内部にまとまりを生み出していく。

しかし、特定のサブユニットにかんする部分のまとまりは、組織全体からすれば望ましいものだとはかならずしも言えない。そこでは、当初のビジョンから乖離したばらばらな行動が生じている可能性があるからである。それでは次に、松下電器に焦点をあてて考えてみたい。

CASE 7 松下電器（I）

松下電器では、松下幸之助の死後ですらこの創業者の影響力が絶大だったと言われている。このことは、彼の思想の保存と普及のためにＰＨＰ研究所が設けられていること、あるいは彼の銅像や根源の世界観を具現化した祠――根源の社――が本社敷地内に設けられていることからも推測できよう。

幸之助の経営に少なからぬ影響を与えたであろう根源の世界観というのは、「人間は宇宙の根源から、その根源のもつ力によって生み出された……。……それは、人間だけでない、宇宙万物一切が、この根源から、その力によって生み出されてきた」（http://panasonic.co.jp/eco/policy/kounosuke/km_0007.html）という壮大なものだった。

「水道哲学」に示されていたように彼のビジョンは明確で、そのリーダーシップは神話として世代のあいだで脈々と語り継がれてきた。だが、やがて彼自身が神格化するようになり、彼がつくった組織までもが人々の行動を拘束するしがらみと化してしまった。

松下では自主責任経営の徹底と経営者の育成を目的として、一九三三年五月に事業部制が導入された。しかし、幸之助が導入したという理由で、この組織形態は歴代の経営者にとって不可侵の領域になってしまった。一九九七年四月に社内分社制が採用されたものの、事業部を事業群にまとめなおして社内分社を事業単位とするこの試みは、基本的には事業部制を発展させたものだった。

そのようななかで、事業部制による部分最適の弊害が深刻化しつつあった。たとえば、滋賀県にある草津工場の広大な敷地のなかには冷蔵庫工場とエアコン工場があったが、それらのあいだには交流がなかったという。しかも、このことを象徴するかのように、工場を隔てている道路には横断歩道すらなかったそうである。

だが、いわゆる「中村改革」によって、製品のタテ割りにともなう問題を解決しようという組織再編の試みが進められた。二〇〇三年四月に電化・住設社とエアコン社という社内分社が統合されて、松下ホームアプライアンス社という新しい社内分社が誕生した。また現在では、草津工場の道路には横断歩道が敷かれているという（以上について詳しくは、日経産業新聞編［2004］と松下のHP［http://www.panasonic.co.jp/］を参照）。

組織形態は、分業とコーディネーションの制度である。第3章でも述べたが、とくに理念的なM型組織（事業部制組織）は、サブユニットの自律性とローカル知識の利用にかんするインセンティブを促進する分権的な組織形態とみなされる。

しかしその一方で、サブユニットに特有の下位文化が生成されてそれぞれの自律性が高まっていくにつれて、組織形態のコーディネーションの側面は薄れていく。つまり、過剰な遠心力が働くことで組織全体のまとまりが失われ、ばらばらな意思決定や行動がもたらされてしまうのである。

このようなコーディネーションの失敗は、特定のサブユニットからみた狭い視野で解決できるものではない。むしろ、経営者が広い視野で組織形態と文化や他の制度とのあいだの関係性を勘案しながら求心力をつうじて解決すべき問題である。

つまり**企業は、求心力（集権化）と遠心力（分権化）という二つの拮抗力を適宜にバランスさせて価値創造を実現していかなければならない。**この点で、経営者には、絶妙なバランス感覚にもとづいて全体的な制度を配置していくという組織デザインのケイパビリティが求められる（以上については、第6章と谷口［2006b］を参照）。

全体最適の観点から組織をみなおすと言っても、これを実行するのはそう簡単なことではない。なぜならば、環境変化が生じたとしても文化が変化の障害になってしまい、経営者が中途半端な集権化の試みに終始することもありうるからである。

松下の例が示すように、幸之助の亡霊にとりつかれた歴代の経営者たちは、「幸之助がつくったものは破壊すべきでない」という規範で自らをかんじがらめにしばりつけ、小手先で組織をつくりかえるしかなかったのかもしれない。過去と一体化した人たちに新しい環境に適した新しい組織を求めるのは、そもそも酷なことなのかもしれない。

組織文化は、組織で共有された特有である。アイデンティティを創造することによってメンバーシップや学習を決定づけ、特有の行動を促進する役割をはたしている。しかも、時間をつうじて再生産される制度なのである。

しかし、「実学の人」だった幸之助は、正しいビジョンにもとづいて時宜にかなった戦略や組織が必要だということを「日に新た」と表現していた。これにたいして、変化の人だった中村は、守るべきものと変えるべきものの判断が重要だということを「理念以外にタブーなし」と表現した。

分権化――さまざまな個の活用――は結構な話だが、トップにたっている経営者がその行きすぎ――部分の過剰なまとまりに起因する全体のばらばら――を放置するのであれば、当然批判をまぬがれることはできないだろう。

下位文化はサブユニットのまとまりをつくるのに一役買うとしても、それが上位文化からみたとき組織全体のばらばらの原因となりうる。部分にとって望ましいとしても、それらを合成した場合に全体として望ましくない結果が生じるというのは、経済学のテキストでは「合成の誤謬《ごびゅう》」として知られている。

部分のまとまりが全体のばらばらにつながっているのであれば、それは破壊の対象にされなければならないだろう。つまり**経営の真価は、破壊という厳しい行動も含めて、適切なときに適切な仕方で行動できるかどうかによって決まる。**

また経営者は、リーダーシップや権限という伝家の宝刀をもち腐らせてはならない。このような点から言えば、**企業の強みは変化と不確実性の状況において企業家精神や権限を発揮し、コーディネーション問題を解決するというフレキシビリティにある**（この点については主にLanglois［2007a］によるが、第5章と第7章も参照）。

環境変化によって、文化が陳腐化して人々にとってしがらみとなっている場合、あるいは文化が不適切な組織形態とあいまってさまざまな知識を利用するはずが、ばらばらな意思決定や行動を導くだけに終わっている場合、経営者にはリーダーシップをつうじて文化の破壊という行動が求められる（Schein 1985）。

ちなみに、台東区浅草にある浅草寺の雷門は一九六〇年に幸之助が寄進したものである。そこにつりさげられている大提灯には、「松下電器」と「松下電器産業株式会社　松下幸之助」といった文字が彫り込まれている。

このようなシンボルは、後世の人々にも幸之助の名前を知らしめて彼に不死の魂を与えるのかもしれない。近いうちに松下からパナソニックへと社名が変更されるが、社名から創業者の苗字が消えた後の経営はどのようになるのだろうか。この問題は、実に興味深い。

それでは次に、文化について、人々の判断基準や行動指針になるという側面から考えてみよう。すなわち、文化がもつフォーカル・ポイントとしての側面である。組織において特有の行動を促進する文化があるおかげで、人々は対処の仕方に迷ったときでも組織にとって適切な選択を行うことができる。

迷ったときの手がかり：フォーカル・ポイントとしての文化

フォーカル・ポイントとは何かを理解するために、次の二つの問題について考えてみよう。

第一に、カバンでも飲み物でもいい、とにかく買物に行ったときに何を買ったらよいかを迷ったことはないだろうか。かりにカバンを買いに行ったとして、まずトートバッグやハンドバッグなどさまざまな種類がある。種類が決まったとしても、エルメスやルイ・ヴィトンなどブランドもさまざまである。もちろんサイフの都合もある。だが、われわれはどのようにしてカバンを買うのだろうか。

第二に、仕事帰りに一九時に夫（妻）と銀座で待ち合わせする。一九時に銀座で会うことは覚えているが、待ち合わせ場所をすっかり忘れてしまったとしよう。二人ともケータイなどの通信機器を一切もっていないとすれば、相手に会うためにはどうすればよいだろうか。

まず第一の問題だが、素材、形、色、ブランド、そして価格、などの組み合わせを考えれば、世の中にはほぼ無限に近い数のカバンが存在する。しかし実際には、膨大な選択肢のなかから買うカバンを特定してそれを購入することができる。しかも、その膨大な選択肢をいちいち検討しているわけでもない。

普段、街を歩いている人たちや雑誌のモデルがもっているさまざまなカバン、あるいは広告に登場するさまざまなカバンをよく目にする。なかでも何かと露出機会が多いブランドのカバンは、膨大な選択肢があるとは言うものの目立つので、購入されやすいかもしれない。あるいは、「友人がルイ・ヴィトンのヴェルニラインのヒューストンをもっているから、同じラインでも自分は違うデザインのブレントウッドにしよう」といった選択の考え方もある。いずれにせよ、目立つものは選ばれやすい。

次に、第二の問題だが、公衆電話で実家に待ち合わせ場所を伝言するとか、あるいは会社に電話してやりとりをすることも考えられる。しかし、そうしたコミュニケーションが困難な場合、どのようにすれば相手に会えるのだろうか。

そこで考えられるのは、過去に銀座で待ち合わせをした場所、あるいは誰もが知っている目立つ場所（たとえば、ソニービルの入口や有楽町マリオンの時計下）に行くという方法である。さらにその場所が、二人にとって特別な意味をもつ（たとえば、初デートのときの待ちあわせ場所）とすれば会える可能性は高まるのではないか。

これらの問題は、いずれも無数の選択肢のなかから選択を行うという点では共通する。しかし、とくに第二の問題では、二人が会うために相手と同じ意思決定をせねばならず、そのためには相手の行動を予想しなければならない。しかもその結果として、「二人がソニービルの入口で会う」「二人がソニービルの二階で会う」、あるいは「二人が和光前で会う」、などといった具合に無数の可能性が存在する。

しかし、選択肢が少ないもっと単純なケース（たとえば、道路通行の際に右側か左側かを選択するケース、あるいはエスカレーターを利用する際に右側にならぶか左側にならぶかを選択するケース）を想定したとしても、話は同じである。相手がどのような行動を選択するかを予想し、自分も相手と同じ行動を意識的に選択しなければ、双方にとって望ましい結果が導かれないといった状況である。

第5章で詳述するが、このような相互作用の状況は、「コーディネーション・ゲーム」と呼ばれるものである。いかに相手と自分の意思決定や行動を調和させるかというコーディネーション問題を解決するうえで厄介なのは、複数の結果（複数均衡）があるからである。

しかし、ノーベル経済学賞を受賞したトーマス・シェリング（Thomas Schelling）は、人々がコーディネーション・ゲームに直面した場合に複数の選択肢のなかでもとくに目立ったものを選ぶ傾向があり、こうして生じた均衡を「フォーカル・ポイント」と呼んでいる。

シェリングは、きわめて単純なコーディネーション・ゲームの実験を行っている。その実験のなかには、「表か裏を選択せよ。もし相手と同じ選択をすれば、両者には賞金が与えられる」といったものが含まれていた。その結果は、四二人の被験者のうち三六人が表を選択するというものだった（Schelling 1960）。表は二つの選択肢のなかで最初に登場するという意味で、被験者にとって目立っていたのだろう。

また、被験者間のコミュニケーションを禁止した状態で相手との選択の調和を意識的にはかるという幾分形式的なコーディネーション・ゲームの状況を想定するとともに、どの程度のコーディネーションが実現できるかを数値化した画期的な実験ゲームの研究（Mehta, Starmer, and Sugden 1994）もある。

私は以前その研究を応用して、野村と中国の天津天富軟管有限責任公司におけるコーディネーションの程度を調べたことがある（谷口 1998, 2000）。その結果、野村の人々のほうが意思決定の調和という点ですぐれていること、そしていずれの企業もともに特有の組織言語をもち人々のアイデンティティを確立していることが明らかになった。

スタンフォード大学のデヴィッド・クレプス（David Kreps）によれば、**企業文化はフォーカル・ポイントとして人々の行動を左右する。**つまり、彼らが事前には予測できなかった問題に直面したとき、どのように対応すればよいかという手がかりを与えてくれる。ただし、それぞれの対応が適切かどうかは事後的に企業の評判に反映される（Kreps 1990）。

たとえば、時間をかけて培ってきたブランドがあるにもかかわらず、消費者の知らないところで、商品の賞味期限の改ざんや産地偽装、あるいは料理のつかい回し、などを従業員に求めている企業も世の中には存在している。しかしそうした企業は、消費者にたいする裏切りによって自らの手で自らの評判を破壊しているに等しい。

「先輩に言われたから」や「上司に指示されたから」などといった理由で、組織のなかで当然とみなされているルールや規範は、狭い組織のなかで適切だとしても社会的に正当性をえられるものとはかぎらない。

それが組織のなかで世代を超えて継承されていくとすれば、その企業は遅かれ早かれ深刻な問題をひきおこしかねない。もちろん、この場合にも文化を破壊するリーダーシップが必要になる。そして、経営者のリーダーシップを促すには、適切なガバナンス・システムが重要な意味をもつ（谷口 1998, 1999）。

現代の代表的な企業は、株式会社形態を採用している。その特徴の一つとして、会社機関による経営がある（第1章）。どんなにすばらしい人がどんなにすばらしい経営者になったとしても、その人はいつの日か死んでしまう。しかし、経営の仕事を担う代表取締役や取締役といった会社機関は、人とは違ってポジションであるために死ぬことはない。次々とそうしたポジションに人を配置していくことで、会社機関そのものの機能は維持される。

とくに企業を創業した起業家のビジョンや影響力は、はかり知れないほど大きいと言える。後に経営を担う立場の人たちの行動を制約し、組織のなかで伝説や銅像などのシンボルとして歴史的に継承されて、後世の人々の行動に広く影響を及ぼしうる。では次に、起業家のビジョンやリーダーシップを反映した企業文化について、日本の代表的企業の一つであるトヨタ自動車をとりあげて説明してみたい。

CASE 8 トヨタ自動車

豊田佐吉は一九一八年に豊田紡織を創業した。佐吉は自動車が紡織以上に社会の役に立つという信念をもち、「これからは自動車工業だ」や「日本も立派な自動車をこしらえなければ、世界的な工業国と言っていばれぬ」と述べていたそうである。

そして一九二七年、勲三等瑞宝章をうけた後の祝いの席で、「わしは紡織を発明し、お国の保護を受けて金を儲けたが、お国のためにも尽くした。この恩返しに、喜一郎は自動車をつくれ。自動車をつくって、お国のために尽くせ」と、長男の喜一郎に自動車工業の確立を託したという（佐藤 1994）。

東京帝国大学工学部機械工学科を卒業していた喜一郎は、自動車工業を確立するためのビジョンを構想した。それは、①大衆車、②乗用車工業の完成、③売れる価格の自動車製造、④販売力の重視、⑤基礎資材工業の確立、といった特徴をもつ（大野 1978）。

低価格の大衆車の製造と販売を軸にした喜一郎のビジョンは、愛知県の挙母《ころも》市を豊田市に変えてしまうほどの大きな影響をもたらした。トヨタはこの都市の発展に大きく貢献してきたのだが、それを象徴するかのように豊田市役所の広場には、喜一郎の銅像が設置されている。

「トヨタと言えばトヨタ生産方式」というほどに際立った生産方式を開発し、フォード・システムに代わる新しい生産システムとして世界的にも注目をあび、数多くの企業の経営に大きな影響を与えてきた。

実際にトヨタ生産方式を発展させた大野耐一は、その源流が佐吉の「不良品を作るのは仕事じゃない」と喜一郎の「ジャスト・イン・タイム」という二人の言葉にあると述べている（藤本・下川 1997）。

大野は彼らの価値を継承して、アメリカのスーパーマーケットからヒントをえてその生産方式を発展させたそうである。

前者は生産工程で問題が発生したらすぐに機械を人の手で止めて、不良品をつくらないという「自働化」の考え方にほかならない。単なる自動化は機械に任せるだけだが、人の手を介在する点でにんべんがついた自働化になっているのである。

一方、後者は「必要なものを必要なときに必要なだけつくる」という考え方で、在庫を抱えることなくムダをなくした生産方式をめざすという価値を表している。

トヨタで特有の生産方式が発展したのも、佐吉や喜一郎のビジョンがあったからだと考えられる。とくに佐吉の教えは、トヨタの活動を現在でも支えている価値となっている。一九三五年の佐吉の六回忌にその胸像が豊田紡織の本社に建立され、その前で豊田綱領が朗読された。

それは、以下の五つの項目からなる。

一．上下一致、至誠業務に服し、産業報国の実を挙ぐべし。

一．研究と創造に心を致し、常に時流に先んずべし。

一．華美を戒め、質実剛健たるべし。

一．温情友愛の精神を発揮し、家庭的美風を作興すべし。

一．神仏を尊崇し、報恩感謝の生活を為すべし。

そうした儀式や銅像といったシンボルは、佐吉のビジョンに不死の魂を与えてトヨタのなかで継承と共有が進められていく。

しかもトヨタでは、豊田綱領にもとづいて一九九二年一月にトヨタ基本理念を策定し、変化の時代に確固たる進むべき道を明確にした。

一九九七年四月に改定されたものが、以下のとおりである（豊田綱領とトヨタ基本理念については、トヨタのＨＰの「ビジョン／フィロソフィー」［http://www.toyota.co.jp/jp/vision/philosophy/］による）。

一．内外の法およびその精神を遵守し、オープンでフェアな企業活動を通じて、国際社会から信頼される企業市民をめざす。

二．各国、各地域の文化、慣習を尊重し、地域に根ざした企業活動を通じて、経済・社会の発展に貢献する。

三．クリーンで安全な商品の提供を使命とし、あらゆる企業活動を通じて、住みよい地球と豊かな社会づくりに取り組む。

四．様々な分野での最先端技術の研究と開発に努め、世界中のお客様のご要望にお応えする魅力あふれる商品・サービスを提供する。

五．労使相互信頼・責任を基本に、個人の創造力とチームワークの強みを最大限に高める企業風土をつくる。

六．グローバルで革新的な経営により、社会との調和ある成長をめざす。

七．開かれた取引関係を基本に、互いに研究と創造に努め、長期安定的な成長と共存共栄を実現する。

さらに、このようなトヨタ基本理念を実現するために、従業員が共有すべき価値や行動指針を明示したものがトヨタウェイ２００１である。それは、「人間性尊重」と「知恵と改善」を二本の柱として二〇〇一年四月に策定された。

トヨタは、豊田綱領を文化の柱としつつも環境変化にあわせて文化に新しい要素をとりいれてきた。つまり、時間をつうじてカイゼンの文化をカイゼンしてきたのである。

またトヨタウェイ2001のように、価値を明文化することで組織の人々に理解を促す試みをしてきた。

しかし、明文化すること自体が大切なのではない。**文化の有効性は、あくまでも人々が価値を内面化して適切な行動を学習できるかどうかにある。**

変化の矛先としての組織文化

リーダーは、文化の達人であると同時に変化——破壊と創造——の達人でもある。つまり、**組織文化にも変化の矛先を向けられる能力をもち、組織の人々に自分のビジョンを理解させて、それにもとづいたフォーマルないしインフォーマルな相互作用のなかから文化を発展させる。**

しかし、そのプロセスはかならずしも自分の思いどおりに運ばないし、いったん文化が生成したとしても永久に有効である保証はない。環境はつねに変化するのである。ビジョン

(Vision)、内部・外部の環境変化（Environment）、そして文化（Culture）のあいだに適合的な関係をつくり出さなければならないし、文化を破壊するという劇的な選択が必要になることもあろう（図4・1）。

文化は、組織で共有された特有である。シンボル（組織の言語やルール）やフォーカル・ポイント（組織の人々の判断基準や行動指針）である文化は、組織をまとめる機能をはたす。つまり組織のメンバーシップを確定し、内部者に学習の枠組を提供することで特有の行動を導く。時間をつうじて継承され共有されていく文化があるからこそ、人々は契約やマニュアルに書くことができない不測の事態に対応できる。

しかし、企業の成長にともない事業部や支社など下位のサブユニットが次々と増殖していったとき、そこで進化した下位文化が経営者のビジョンや全社的な上位文化と整合するとはかぎらない。経営者がさまざまな次元の文化のあいだの整合性に配慮しなければ、深刻なコーディネーションの失敗が生じることがある。

このような場合、組織文化と組織形態の両方に変化の矛先を向けねばならない。フォーマルな組織形態に比べれば、インフォーマルな組織文化を変えるほうが難しい。文化は、組織に長いあいだ蓄積されてきたものなのである。しかも組織の人々のみならず、変化の遂行者であるはずの経営者ですらもその文化にしばられて身動きがとれないこともありうる。

さらに組織においては、人々が機会主義にはしって他の人たちに迷惑をかけるような非協力の結果もおこりうるし、あるいは組織の目標に貢献して自分と組織の成長を考えるような協力

図4.1　文化とリーダーシップ

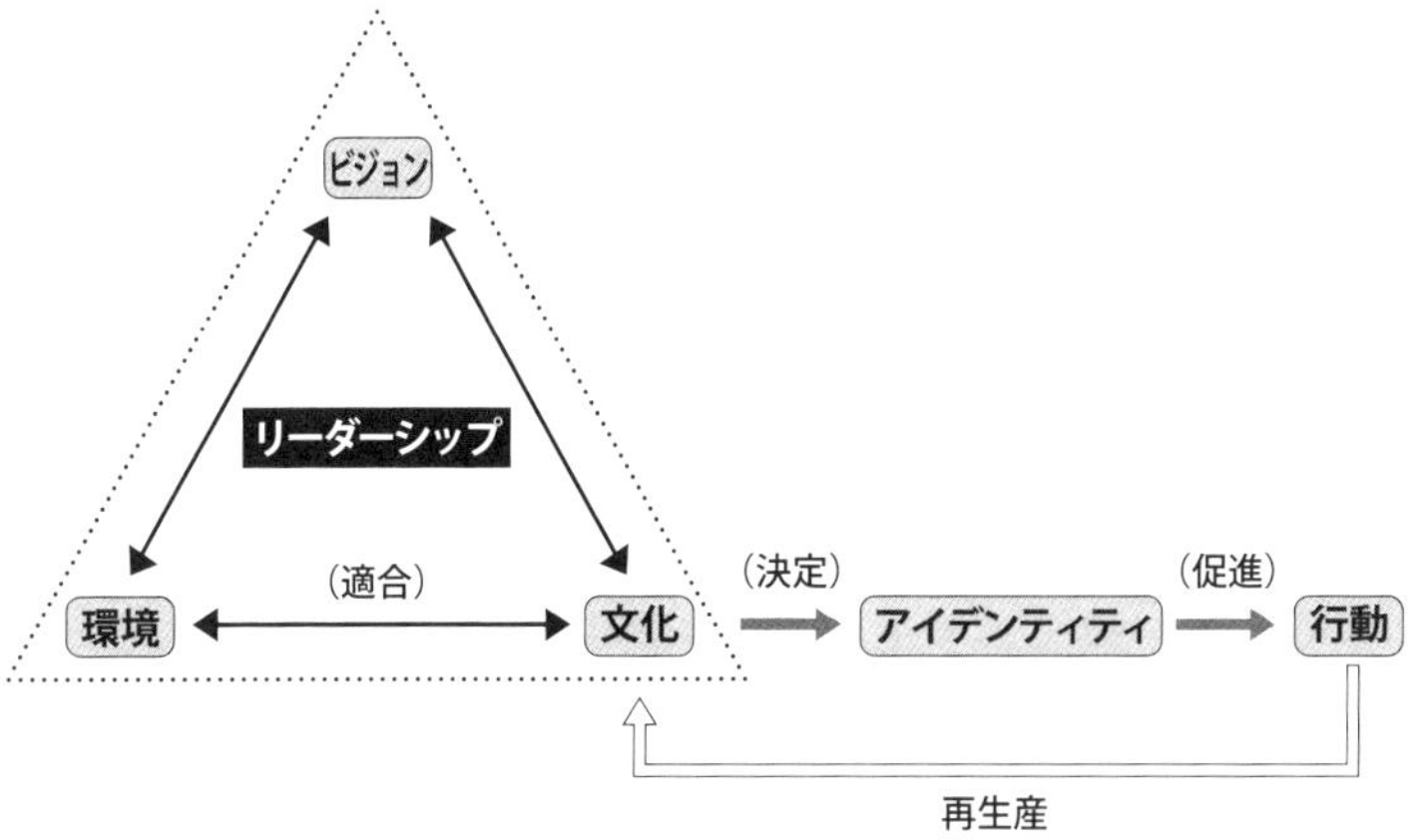

＊すべての←→は適合を表している。

の結果もおこりうる。どちらの結果が現実になるかは、文化の質によって左右される(Barnard 1938)。

このように、**変化する環境のなかで文化が部分最適や非協力を促進することになれば、リーダーシップが必要とされる。**リーダーシップとは、第2章で述べたように、MVP――強い道徳(Morality)、明確なビジョン(Vision)、そして広い視野(Perspective)――にもとづいて主体的に思考し行動することによって身につけたCOS――変革力(Change)、組織文化のデザイン(Organizational culture)、そして共感力(Sympathy)のことである。

この点について、韓国最大の財閥であるサムスングループの李健熙会長は、「現在の業績に満足してしまえば、危機に陥ってしまうだろう」として変化を奨励するとともに、一〇年後に何をすべきかを考えてそれに向けて準備するという準備経営のために人材重視の文化を促進してきたと言われる。

この企業では、優秀な人材こそが組織を動かすという価値が浸透し、社会化の結果として「顔のないサムスン人間」が生成されている。彼らのように忠誠心が高い人々は、組織のために働く時間を惜しまないそうである（以上については、韓国経済新聞社編［2002］に依拠する）。

本章のはじめに、会社の文化についていくつかの質問をした。適切な距離感の人間関係、個人の成長、勇気や熱心さを評価する環境、そして適正な業績評価、を重視している企業であれば問題ないだろう。経営者は、組織の人々に適切な価値を提供することによってアイデンティティをつうじた組織との一体化を実現しなければならない。この点に成功した企業は、彼らから高い貢献を引き出すことができる。

一方、組織のなかで働く側からすれば、自社の経営者が明確なビジョンを抱いて広い視野の下で変化を奨励できる人物か、他の人たちにではなく自らにたいして変化の矛先を向けられるほど懐の深い人物かどうかを判断しなければならない。そして、第7章で説明するが、経営者を判断するだけでなく、どのような形であれ自分が実際に変化の企てに加担することが大切なのである。

第5章

市場も適宜に利用する

——組織境界

第5章のハイライト

★**企業境界は、ドメイン（事業領域）や資源獲得の仕方に関連した戦略的意思決定の問題である。**そして、一般的な組織境界は、効率性、パワー（権力）、コンピタンス（能力）、そしてアイデンティティ（一体性）、といった観点から理解できる。

★企業境界は、垂直境界と水平境界の二つにわけられる。垂直境界は、バリュー・チェーンにおけるアクティビティの選択である。他方で水平境界は、事業や財・サービスの種類の選択である。

★**戦略は、企業がビジョンを実現するための具体的な方法や意思決定である。**企業は、ビジョンを戦略として具体化し、その活動の舞台であるドメインを決める。その結果として、時間の経過のなかでさまざまなケイパビリティを蓄積する。

★知識、経験、そしてスキルであるケイパビリティは、企業のあいだを仕切る壁の役割をはたしアクティビティを制約する。21世紀企業の経営者は、そうした制約を超えるためにも、グローバル経済のなかでM＆AやEMSなどをつかいこなす必要がある。**市場を適宜に利用することも大切なのである。**

組織や企業の境界

市場、企業、ネットワークの三者択一

企業とは何かを理解するうえで、その内部で何がおきているかという内部組織の問題もさることながら、それがどのような事業をつうじて市場や他の組織などと「つながり」をもつかという境界の問題も重要である。

たとえば、最大のマーケット・シェアをもつ電子辞書市場のカシオ計算機にせよ、即席めん市場の日清食品にせよ、他のすべての市場を支配しているわけではないし、電子辞書や即席めんの生産のために他の企業から部品や原材料の供給をうけている。

企業の境界は、企業の事業領域と資源獲得の仕方に関係している。ただし、すべての物事を自己完結的に行っている企業、あるいは世の中で行われているすべての活動を担うことで世界にとって代わる企業というのは、非現実的である。実際、企業は環境と相互作用しているオープン・システムで、その拡大や成長は制約されている。

以下では、境界について考えるが、まずは一般的な組織の境界に焦点をあてて説明したい。

ＩＮＳＥＡＤのフィリペ・サントス（Filipe Santos）とスタンフォード大学のキャスリーン・アイゼンハート（Kathleen Eisenhardt）によると、組織境界とは組織と環境のあいだの仕切りで、「効率性」「パワー（権力）」「コンピタンス（能力）」、そして「アイデンティティ（一体性）」、という四つの観点から理解できる（Santos and Eisenhardt 2005）。

第一に、効率性を中心にした見方によると、境界の決定とは、市場（価格メカニズム）あるいはヒエラルキーのどちらで取引を行うかという選択のことである。取引費用（財・サービスの取引を行う際の契約の締結、モニタリング〔監視〕、そして実効化にともなう費用）が最小になる点で境界は決定される。

第二に、パワーを中心にした見方によると、組織の影響力が及ぶテリトリーが問題になる。重要な資源をコントロールできるパワーが最大になる点で境界は決定される。そして、他の組織に影響力を行使する方法としては、所有に加えてそれ以外にも取締役のポジションや提携をつうじたものがありうる。

第三に、コンピタンスを中心にした見方によると、組織がもつべき資源が問題になる。境界は、資源ポートフォリオの価値を最大にする点で決定される。そこでは、資源ポートフォリオを市場機会にうまく整合させられるかどうかがカギとなる。したがって、環境変化のなかで境界を変更するプロセスに焦点があてられる。

そして第四に、アイデンティティを中心にした見方によると、われわれは何者かという点が問題になる。組織のアイデンティティとアクティビティ（活動、機能、そしてプロセス）のあいだの整合性がとれた点で、境界は決定される。第4章でも述べたが、組織の人々が環境の解釈をつうじて特有の意味を形づくることで、組織では文化が発展して人々の学習を左右する。境界を決定するうえで、アイデンティティとアクティビティの整合性をどのように保つかがカギとなる。

そもそも境界の決定にかんする問題は、ロナルド・コース（Ronald Coase）を起源とする「取引費用経済学」と呼ばれる分野で議論されてきた。その議論は、取引費用の節約にかんする効率性を重視し、市場あるいは企業のどちらが機会主義や限定合理性の問題をより適切に解決できるかに焦点をあてていた（Coase 1937; Williamson 1975）。さらに、市場と企業をめぐる二者択一的な選択は、「内製か外注か（make or buy）」という形に置き換えることもできる。要は、ウチでつくるか、あるいはソトで買うかという選択である。

また最近では、企業間の戦略的提携（対等な立場で資源の相互活用のために形成された企業間の戦略的な協力関係）などに代表されるように、長期的な協力関係によって特徴づけられる組織間のネットワークが進化している（Richardson 1972; Powell 1990）。

組織や企業の境界は、理念的な市場（ソト、価格メカニズム、外注、分解、ないしスポット取引）か、あるいは理念的な企業（ウチ、ヒエラルキー、内製、統合、ないし内部組織）かといった単なる二者択一の話ではなくなった。そこで、市場、企業、そしてネットワーク（つながり、ハイブリッド、協力、長期関係、関係的契約、ないし中間組織）の三者択一に着目しなければならない。

食の安全を左右する境界

市場、企業、そしてネットワーク、といった多様な可能性を勘案して基本的なウチとソトにかんする話を続ける。とくに、ギョーザの例をつうじて境界と食の問題について考えてみたい。では、妻が夕食のおかずとしてギョーザを選ぶとしよう。このとき大まかに言えば、彼女はウチでつくる手間とソトで買う手間を比較することになる。何をいかにして獲得するか、そして料理の流れのなかで自分が何をして何をしないかについて細かくみれば、妻の選択としてさまざまな組み合わせが可能になる（表5・1）。

表5・1には七人の妻が登場するが、ギョーザにかんする選択はそれぞれ異なっている。美枝子さんは、ひき肉だけ肉屋で買ってきて野菜とギョーザの皮を自宅でつくるとともに、料理の流れをすべて担当する。貴子さんは、すべての材料をスーパーで買うが、料理の工程については夫と分業している。つまり、野菜をきざんでひき肉と混ぜるというギョーザのあんづくりとともに、皮でそれを包むという工程を夫に任せて、焼いて皿にのせるという作業については自分で担当している。

これにたいして麻衣子さんは、仕事のない週末にスーパーの冷凍食品コーナーで冷凍ギョーザを買って冷蔵庫にストックしておき、それを焼いて皿にのせるという作業を自分で行う。由岐さんは、大変忙しい仕事の帰りに買物にたちよって焼きギョーザを買い、せめてウチで皿にのせるという作業を行っている。

さらに絢さんは、ウチで野菜の栽培から豚や牛の飼育までを一貫して行い、ギョーザに必要

表5.1 ギョーザにかんする妻の選択

妻＼選択	何をいかに獲得するか					することとしないこと		
	野菜	ひき肉	ギョーザの皮	冷凍ギョーザ	焼きギョーザ	あんと包み	焼く	皿にのせる
美枝子	○	×	○			○	○	○
貴子	×	×	×			×	○	○
麻衣子				×		×	○	○
由岐					×	×	×	○
絢	○	○	○			○	○	○
なつみ	×	×	×			×	×	×
由紀	×	×	×			×	×	×

○：「ウチでつくる」あるいは「自分でする」　×：「ソトで買う」あるいは「自分でしない」

なすべての材料を自分でつくるという自給体制を整えている。しかも、自家製の材料を用いてあらゆる料理の工程を自分で担当している。対照的に、なつみさんと由紀さんは完全にソトに依存している。つまりなつみさんは、ギョーザに必要なあらゆる材料をスーパーで買っている。そればかりか、家では料理を一切することなく料理好きの夫にギョーザづくりをゆだねている。一方、由紀さんは、買物や料理をする代わりに仕事帰りに夫と外食に出かけている。なお、すべての項目に×があてはまる選択としては、メイドのサービスを利用するというものもありうる。

外食について言えば、同じ店に常連として長いあいだ通い続ける、あるいはいろいろな店を短期間で渡り歩く、などといった選択が可能である。一方でメイドのサービスを利用する場合も、同じメイドと長期契約を結んで家事労働を提供してもらう、あるいは短期間でメイドを次々と入れ替えて家事労働を提供してもらう、などの選択が可能である。

二〇〇八年の初頭に、冷凍食品コーナー頼みの主婦にとっては要注意の事件がおきた。日本の食の安全をゆるがせた中国製ギョーザ中毒事件である。この事件の原因は、日本たばこ産業（ＪＴ）の子会社であるジェイティフーズが中国の食品メーカーである天洋食品から輸入した冷凍ギョーザである。

そのギョーザを食べた人々が中毒をおこし、そこから毒物のメタミドホスが検出された。ＪＴはその問題について連絡をうけていたにもかかわらず早急に対策を講じなかったことが、さらに被害を大きくしてしまったと言われている。

ウチの食卓はソトのスーパーや店で買ってきた食材でほとんどなりたっている。また、そこで販売されているさまざまな製品は、スーパーや店のさらにソトのメーカーによって生産されたものであり、グローバル化が進んだ21世紀において、そのメーカーが日本以外の国――「ソトのソト」――に拠点を構えている可能性はますます高くなっている。

日本企業にとって、海外のメーカーによる機会主義的な行動をコントロールするのは相対的に難しいだろう。とは言うものの、ウチでつくるよりもソトでつくるほうが費用の面で効率的だと判断したからこそソトでつくっているのである。問題は、その判断に安全を確保するための費用が織り込まれているかどうかである。

今回の中国製ギョーザ中毒事件の原因である毒物がどのように混入したかについて、現時点ではまだはっきりしたことは言えない。厳しいグローバル競争に直面しコスト削減の圧力にさらされているメーカーにとって、相対的に低賃金で上昇志向が強い多くの若年労働者を抱えた中国は魅力的な国の一つである。

だが、日本企業が経営のグローバル化を進めていくときに、現地労働者の倫理やモラルにかんする教育、あるいは現地工場の生産プロセス、といったものに「安全」という二文字を反映させる努力を十分に行っていないとしたらどうだろうか。今回の事件にとどまらず、中国産ウナギから危険な薬物の残留が検出されるなど、さまざまな事件がメディアで報じられてきた。

さらに悪いことに、そうした中国産ウナギを避けるために、食の安全にかんする保険料（リスク・プレミアム）込みの高い価格で国産ウナギを買ったつもりでも、実は中国産だったという産地偽装が報道される始末である。つまり、消費者は高い価格で中国産ウナギを買わされたというオチである。

人々が食の安全をよりいっそう意識するようになったとすれば、企業はそうした嗜好の変化に敏感に反応しなければならない。**ソトでつくることは効率的だがその反面、危険だと判断すれば、効率性を犠牲にしてでも安全という新たな価値を創造しなければならない。**そのためには、ソトに任せるという選択では限界があるだろう。その代わりに、価格が高くなってでもウチでつくるという選択もありうるし、またソトと長期的な協力関係を結んでウチの意向をより反映できる体制をつくるという選択もありうる。

しかし、経営者が食の安全に向けて敏速かつ大胆な意思決定を行うことができないのであれば、消費者は市場を信頼しなくなる。とは言うものの、どの家庭でもギョーザのためにわざわざ豚や牛を飼育せねばならないという異常な社会の到来は、できれば避けたい事態である。いずれにせよ境界の決定は、食の安全を確保するための資源、労働者の機会主義をコントロールできるパワー、そして彼らのアイデンティティによって左右され、取引費用経済学のように効率性の観点だけで理解できるものではないだろう。次に、ウチとソトについて企業に結びつけながら考えてみたい。

「ウチの会社」から「ソトの世界」へ

「ラクシュミ・ミタル」という人物の名前を知っている人も多いだろう。彼は、ミタル・スチールという企業を設立した起業家である。『フォーブス（*Forbes*）』の二〇〇八年度世界長者番付で第四位にランクされており、「世界の鉄鋼王」としても知られている。一九五〇年にインドで生まれたが、後にインドネシアに渡って鉄鋼事業にめざめ、二〇〇六年六月にはヨーロッパの鉄鋼メーカーだったアルセロールを買収し、合併企業のアルセロール・ミタルを誕生させた。

グローバル経済の発展を象徴する国境を超えたM＆Aの波は、例外なく日本にも押し寄せている。日本では、二〇〇七年五月から三角合併（合併によって存続する会社［存続会社］の親会社が、現金を用意せずにその株式をつうじて会社［消滅会社］を吸収できるとする制度）が解禁され、外資による日本企業のM＆Aは従来よりも容易になった。

本質的には合併も買収と同じなのだが、日本企業の経営者は「対等合併」や「敵対的買収」という言葉を用いて、合併には対等という肯定的な意味をこめる一方、買収には敵対という否定的な意味をこめるようである。

二〇〇五年のフジテレビジョンとライブドアによるニッポン放送をめぐる買収劇が示しているように、日本の被買収側のステイクホルダーは、同じ国の企業が買収の名のりをあげたときですら、過剰なまでに拒否反応を示すようである。

また二〇〇六年七月、王子製紙による北越製紙の敵対的ＴＯＢでは三菱商事と日本製紙が大株主として登場したために、その試みは頓挫した。過当競争によって特徴づけられる業界を早急に再編して、全体的な国際競争力を高めるという可能性は実現しなかった。ここでも、形は違うものの買収にたいする拒否反応が生じたのである。

しかし、世界では国境を超えたＭ＆Ａが進展し、鉄鋼や製薬など多様な分野で巨大なグローバル企業が次々と誕生している。にもかかわらず日本では、体面や体裁を気にするばかりか変化を好まない現状維持派の守旧勢力が幅を利かせているようである。仲間同士で集まってウチにひきこもり、ソトに出るのをためらっている。そのあいだに世界との距離は開く一方である。

世界のトレンドにあわせてＭ＆Ａをつうじた業界再編を進めていく――ウチからソトへ出ていく――とすれば、その業界全体の国際競争力を強化できるかもしれない。一方で、経営者にしてみれば自分の会社が自分の手から離れてしまうおそれが生じることを意味する。――とは言え、そもそも会社は経営者の所有物ではない。

自分の権限が及ぶテリトリー（ウチ）とそうでないテリトリー（ソト）の境界は、経営者のみならず従業員にとっても重要な意味をもつ。彼らが大切にする「ウチの会社」には、彼らがやらなければならない仕事がある。たとえば秘書は、社長があらかじめ頼んでいないとしても、頓智を利かせて「あの書類」を用意するだろう。しかし、まったく関係のない人にとって、社長に『『あの書類』を頼む』と言われたところでその意味がわからないし、いかなる書類を用意する責任も義務もない。

経営者は、他社の将来よりも自社の将来、業界の将来よりも自社の将来、日本の将来よりも自社の将来、そしてグローバル市場よりも自社の将来、に目を向けがちである。しかし、**「ウチの会社」に固執する狭い視野は、業界再編を遅らせることで「ソトの世界」における自社のポジションを少なからず危うくしてしまうだろう。**

なぜこのことに気づくことができないのだろうか。あるいは、それに気づいているとしても、なぜ行動に結びつけられないのだろうか。境界は戦略と深い関係をもっており、環境変化にあわせて適宜に引きなおさなければならないものなのである。M＆Aは、そのための手段の一つにほかならない。**広い視野で境界を引きなおすことは、グローバル経済での生き残りをかけた21世紀企業の経営者の課題ですらある。**

ケイパビリティの壁

近年、「資源ベース論」や「ケイパビリティ論」といった分野において、企業は資源やケイパビリティの集合体とみなされている（Penrose 1959; Langlois and Robertson 1995; Barney 2002）。企業がさまざまな資源――たとえば、技術やブランドなどの無形資源、あるいは工場や機械などの有形資源――によって構成されているという点については、問題なく理解できる。しかし、企業がもっているものとしての資源はそのままでは何の価値も生み出さない。たとえば、ヤマト運輸のトラックはそれだけではただの物体にすぎない。セールス・ドライバーが車の運転や荷物の配達・集荷を行い、そして集配拠点の人たちが仕分けなどをしてはじめて宅急便という価値が創造されることになる。

このような意味で単なる資源というよりは、むしろそれを具体的なアクティビティに変換するもののほうが重要だという見方もできる。実はそれこそ「ケイパビリティ」と呼ばれるものであって、企業が蓄積してきた知識、スキル、そして経験をさしているのである（Richardson 1972）。

たとえば、寿司屋の主人がもっている包丁やまな板、さらに市場で仕入れてきた魚は資源である。しかし魚のままでは、刺身や寿司という価値を客に提供できない。その主人は、包丁を用いて魚をまな板のうえで切るというアクティビティによって、魚を刺身に変換する必要がある。そのためには長い時間を要する修行をつうじて、包丁のつかい方や魚の特性などを実践的に学習しなければならない。その結果、身につけたさまざまな経験や技能がケイパビリティということになる。

しかしケイパビリティは、一様ではない。簡単に学習できるものもあれば、そうでないものもある。寿司屋の例で言うと、先代から受け継いできたアナゴのたれ（つめ）は「秘伝」であって、主人しかそのレシピを知らないということがよくある。それは、同じ寿司屋につとめている板前や見習いの人たちでさえ理解できるものではなく、寿司屋によってアナゴのたれは異なっており、味の差別化をもたらすと言える。

一方、ガリ（生姜の甘酢漬）は、自分のところでつくらなくても市場に行けばすぐに買えるものである。中国やベトナムで加工された安価な業務用寿司ガリは、簡単に手に入れることができる。業務用寿司ガリを買うというのは、別の見方をすれば海外の食品メーカーのケイパビリティ（たとえば、ガリのつくり方にかんする知識）を市場で買うのに等しい。

秘伝のアナゴのたれのつくり方は、マニュアルのなかに簡単に書けるものではなく、むしろ体やカンで覚えるようなタイプのケイパビリティである。それは市場で簡単に手に入れられるものではなく、寿司屋のオリジナリティを生み出す特異な要素である。このように、壁の高いケイパビリティは、「本質的コア」と呼ばれる。

そして、ガリのように市場で簡単に売買できるタイプのケイパビリティは、「補助的ケイパビリティ」と呼ばれる。マニュアルや口頭で伝えるのが簡単で、汎用性が高いという意味で壁の低いケイパビリティであるために、寿司屋のオリジナリティを生み出すものではない。

しかし問題なのは、**そもそもマニュアル化が困難だった本質的コアも時間の経過にともなって他の組織や企業によって学習されるようになり、汎用的な補助的ケイパビリティに転化してしまう**ということである。つまり、市場で簡単に買えるようになるのである。

「あの寿司屋のアナゴのたれはうまい」という評判が知られるようになると、業務用食品メーカー（たとえば、ミツカンナカノスや日本食研）はその寿司屋のたれの研究を重ねて、類似の業務用たれを発売するようになる。すると、時間がたつにつれてその寿司屋のたれのオリジナリティは失われ、市場で入手可能な数多くのたれのなかの一つ（one of them）に成り下がる。その結果として、どの寿司屋のたれも味が似たりよったりになってしまう。

寿司屋の話を企業の話に変えたところで、その本筋は変わらない。たとえばホンダは、中国で現地のコピーバイク・メーカーとのあいだに訴訟問題を抱えてきた。中国では、製品を解体してその仕組や機構を学習するという「リバース・エンジニアリング」によって、コピー部品や改造品を寄せ集めて低費用で迅速にコピーバイクを生産するケイパビリティを蓄積してきた。

つまり、企業の学習と市場（競合を含む他社など）の学習を比較した場合、長期的にみると後者が前者を上回っていく傾向が強い。したがって、企業の機密や寿司屋の秘伝は市場に普及してオリジナリティを失ってしまうのである（本質的コアと補助的ケイパビリティの変化については、Langlois and Robertson［1995］を参照）。

このように、時間をつうじてケイパビリティの壁は次第に低くなってしまう。時間の経過とともに企業の強みが次第に失われていった結果として市場が発展していく傾向は、リチャード・ラングロワによって「消えゆく手」と呼ばれている（Langlois 2003, 2004; 2007b）。つまり、**市場やそれを支える一連の制度はもともと存在するものではなく、発展に時間を要するもの**なのである。

また、ウチでつくるよりもソトで買うほうが有利だとしても、どのソトがよいのかを判断する必要がある。その際、自分ないし自社で何かをするために身につける知識というよりは、むしろ他の人たちないし他社に何かをしてもらうための知識が必要になる。前者は「直接的ケイパビリティ」、そして後者は「間接的ケイパビリティ」と呼ばれる（Loasby 1998）。

21世紀企業をみてみると、統合から離れていくというアウトソーシングの動きをみせている。とくに、短期的なスポット取引というよりはむしろ長期的なネットワークに依存するようになっている。企業のソトにある市場は厚みを増し、性格を変えてきたようである。**間接的ケイパビリティは、21世紀企業にとって市場をうまくつかいこなすために必要なケイパビリティだと言える。**

企業境界は戦略的意思決定の問題である

さきほど表5・1によって説明したように、境界のカギは、自分がすることとしないことについて決めるだけでなく、何をいかにして獲得するかを決めることである。次に、企業の境界について考えていく。これから説明するように、自分がすることとしないことの決定は「ドメイン（事業領域）の決定」、そして何をいかにして獲得するかの決定は「資源獲得の仕方の決定」と言い換えられる。つまり**企業境界のカギは、ドメインや資源獲得の仕方に関連した戦略的意思決定にある。**

企業境界は、垂直境界と水平境界の二つに大きくわけることができる。垂直境界は、バリュト・チェーン（価値創造に向けたアクティビティの組み合わせとマージンからなる企業の経済プロセス）におけるアクティビティの選択である。企業が行うアクティビティとしては、原材料の購買、製品の生産やマーケティング、そして顧客にたいするアフターサービス、などさまざまなものが挙げられる。そうしたアクティビティの流れのなかで、何を行い何を行わないかという選択が垂直境界の問題ということになる。

一方、水平境界というのは、事業や財・サービスの種類の選択である。たとえば、GEのように金融からシリコンにいたるまでさまざまな事業を展開する企業もある。だが、この企業の事業ポートフォリオに組み込まれたエンタテインメント事業と発電機事業のあいだには、関連性があるようには思えない。実際にGEは、代表的なコングロマリット（無関連事業体）の一つとして知られているが、松下やソニーなどの日本の家電メーカーは、さまざまな製品を扱っているとは言うものの、その事業間の関連性はGEと比べて密接だろう。

このように、企業はさまざまな事業を展開しており、他社と競争している。そして、企業全体の将来を勘案しどのような事業を組み合わせて行うかだけでなく、個々の事業にかんしてどのように競争するかという問題を解決しなければならない。なお、前者の意思決定は「企業戦略」と呼ばれるのにたいして、後者の意思決定は「競争戦略」と呼ばれる。

企業は活動の舞台である事業領域を決定し、環境とのあいだに相互作用を展開している。その過程でさまざまな問題を解決し、自分たちが何者かを明らかにしなければならない。つまり、どのような製品やサービスを提供するのか、どのような市場を対象にするのか、どのような資源が必要なのか、あるいはどのようなアクティビティを実行するのか、といった問題である。

企業の事業領域が「ドメイン」と呼ばれるのにたいして、それを決定することは「ドメイン戦略」と呼ばれる。注意しなければならないのは、ドメインという言葉には、利益や売上高などの成果がえられるアクティビティだけでなく、いまだ成果がえられていないアクティビティも含まれるということである（榊原 2002）。

ドメインは、企業が現在実行している事業ポートフォリオだけでなく将来的な事業展開の可能性も網羅している。つまり、**ドメインの決定というのは、現在どのような事業を展開し、将来的にどのような事業を展開するつもりなのかを明らかにすることだとも言える。**

これまで、企業文化の生成に関連づけながらビジョンの性質について説明してきた。くりかえしになるが、企業理念や社是などと呼ばれるものを包括的にとらえた意味で「ビジョン」という言葉を用いてきた。そして、第4章で述べたように、ビジョンとは企業の将来的な理想像であり、その存在意義、進むべき方向、そして経営の基本的な考え方のことである。

起業家や経営者が提示したビジョンは、企業が実行するアクティビティと実行しないアクティビティの線引きを左右する。この意味で、企業のドメインはビジョンによって決定されると言える。

そして、企業はビジョンを実現するために具体的な方法を決定し、長期的かつ大局的な視点で意思決定をしなければならない。そうした方法や意思決定が戦略なのである。そして、自社が実行するアクティビティを決めたとしても、次にそれをどのように実行するかを決める必要がある。

市場での評判が確立しているような大企業ですら、必要な資源をすべて自社内でまかなうことはなく、市場（他の企業や下請業者など）に頼っているのが実情である。また、過去にどのような事業を行ってきたかによって企業の資源やケイパビリティは制約される。たとえば、自動車メーカーはハンバーガーをつくるためのノウハウや設備をもたない。

つまり、企業が蓄積してきた既存の資源と、ビジョンの実現に向けた将来的な事業展開に必要とされる資源とのあいだにはギャップが存在する。そして、このギャップをどのように埋めるかという資源獲得の問題が戦略的に重要な意味をもつ。とくに限定合理性や機会主義にかんする問題が生じる可能性があれば、経営者は必要な資源を必要なときに入手できる工夫をしなければならない（Langlois and Robertson 1995）。

企業境界は、ドメインの決定に加えて資源獲得の仕方に関連した戦略的意思決定の問題である。企業がビジョンを戦略として具体化し、その活動の舞台であるドメインを決める。しかしそのとき、どのようにドメインを設定するのかに注意する必要がある。たとえば航空会社は、自社の事業を単に航空と定義することもできるし、あるいはやや広めに輸送と定義することもできる。それでは次に、富士フイルムのドメインについて考えてみよう（以下の富士フイルムの歴史については、主にhttp://www.fujifilm.co.jp/history/に依拠している）。

CASE 9 富士フイルム

富士フイルムの前身である大日本セルロイドが設立されたのは、一九一九年のことである。その社長だった森田茂吉は、セルロイドの新たな需要先として写真フィルムや映画用フィルムに着目するとともに、その国産化に向けてフィルムベースの研究からはじめることを決定した。

写真フィルムについて日本では未開拓分野であったために、世界最大の写真フィルムメーカーだったアメリカのコダックとの提携を模索した。しかしコダックは、日本における写真フィルム事業の存立にかんする詳細な調査を行った後、大日本セルロイドとの提携を拒否した。

これをうけて、大日本セルロイドは時間がかかっても独力で写真フィルムを開発するという意思決定を下し、次のように写真フィルム事業の方針を固めた。

①写真乳剤の製造にかんする研究は自社内で少数の技術者が行うよりも、むしろ既存の写真工業会社の経営に参画し、その技術開発を強力に推進させるほうが得策である。

②自社の中間製造試験所を設置することで、フィルムベースや印画紙などの製造にかんする研究を進めていく。

③一連の技術が確立した折にはすべてを総合し、フィルムベースから写真フィルムまで一

貫した生産体制を確立する。

一九二六年にはフィルム事業自立計画を決定し、写真乳剤の研究のために東洋乾板と提携することになった。その後、写真フィルムの工業化に向けて本格的な研究を展開していくためにフィルム試験所を創設した。そして一九三三年には、フィルム工場や印画紙工場などからなる大規模な設備を神奈川県南足柄村に建設した。足柄工場の操業開始にあわせて、写真フィルム事業を独立させることとした。

その結果、一九三四年一月に富士写真フイルムが誕生し、社長に就任した淺野修一は、東海道を旅行するたびに富士山を仰ぎこれを社名にしたいと考えるとともに、フィルムの国産化を企業の使命とし、富士写真フイルムという社名をつけた（http://www.fujifilm.co.jp/history/dai1-04.html）。そして富士写真フイルムは、新会社設立からまもなくして東洋乾板と合併し、総合写真感光材料メーカーになった。

そして二〇〇六年一〇月、富士写真フイルムは社名を変更して富士フイルムホールディングスになった。この持株会社の傘下には事業会社の富士フイルムが設置され、富士写真フイルムの事業を継続することとなった。

富士フイルムホールディングスの傘下の主要企業として、富士フイルムと富士ゼロックスがある。前者はデジタルカメラやカラーフィルムなどのイメージングソリューション分野、および内視鏡やフラットパネル材料などのインフォメーションソリューション分野を担当している。これにたいして後者は、カラー複合機やマルチベンダーサービスなどのドキュメントソリューション分野を担当している。

　この持株会社は、「わたしたちは、先進・独自の技術をもって、最高品質の商品やサービスを提供することにより、社会の文化・科学・技術・産業の発展、健康増進、環境保持に貢献し、人々のクオリティ オブ ライフのさらなる向上に寄与します」というビジョンを掲げている。このビジョンの下で富士フイルムは、想像できないほど多様な事業を展開している。

　その証拠に、「アスタリフト」という化粧品がこの企業の製品だということを知る人は意外と少ないかもしれない。――写真フィルムのメーカーが化粧品をつくっているというのは、にわかには信じがたい話だと。実は写真フィルムの半分はコラーゲンでできているため、この企業では、長いあいだ品質改善のために原料のコラーゲンにかんする研究を続けてきたのである。

　そのような経緯から、写真コラーゲンから肌コラーゲンや肌細胞の研究を発展させて、新しい製品や事業の可能性を模索するというのは自然な流れということになろう。この点にかんして、「もともと写真フィルムの会社である富士フイルムの写真に写る人々の健やかな笑顔のために貢献したい」(http://www.ffhc.jp/about/whyff.html) という説明は一理ある。

　さらに富士フイルムホールディングスは、大正製薬と富山化学工業との戦略的提携を二〇〇八年二月に発表した。最終的に富士フイルムホールディングスが六六%、大正製薬が三四%という割合で富山化学の株式を保有し、富山化学の医療用医薬品事業を軸とした企業価値の向上に加えて三社間のシナジーの実現を意図した提携である。

この戦略的提携をつうじて富士フイルムホールディングスは、放射性医薬品事業を担う富士フイルムＲＩファーマと、医薬品原薬・中間体事業を担う富士フイルムファインケミカルズに加えて、富山化学とともに医療用医薬品事業に参入することになる。そして、予防から診断そして治療までを網羅した総合ヘルスケアカンパニーグループとして新しいドメインで事業を展開する。

この持株会社は、富士フイルムによって医療用デジタルX線画像診断システムや内視鏡などの製品をつうじて診断にかんする事業領域で活動してきた。さらに、化粧品やサプリメントなどの製品をつうじて予防にかんする事業領域をもおさえてきた。そして、今回は新たに富山化学に治療にかんする事業領域を任せ、世界的な創薬企業として育成していくねらいがある。

とくに研究開発については、富山化学の創薬技術と富士フイルム独自のＦＴＤ（Formulation Targeting Delivery）技術との新結合によって、治験期間の短縮化や新薬パイプラインの強化を実現していく。そして生産面については、富士フイルムファインケミカルズを有効に活用することによって外注品の内製化を軸とした生産体制の効率化を実現していくという（以上については、http://www.fujifilmholdings.com/ja/news/2008/0213_01_01.html による）。

はたして富士フイルムは、何をしている会社なのだろうか。これまでの説明から、単なる写真フィルムのメーカーだと答える人はいないのではないだろうか。またその従業員も、自分が写真フィルムをつくっている会社につとめているとは思っていないだろう。

独自の技術にもとづいた高品質の商品やサービスの提供をつうじて、「人々のクオリティ オブ ライフのさらなる向上」に貢献するというビジョンは、ドメインに広がりを与えて将来的にさまざまな事業が発展していくことを期待させる。

だが一方で、ドメインが広がっていくプロセスにおいて、企業が蓄積してきた既存の資源では質量的にまかないきれないほどの資源が必要になる。このような資源のギャップをどのように埋めるかという資源獲得の問題にたいして、富士フイルムは歴史的に合併や戦略的提携という仕方で対応してきたのである。

企業境界の進化

EMSにも違いがある

日常生活のさまざまな場面で、「EMS」という言葉を目にしたことがある人が多いのではないだろうか。たとえば、郵便局でよくみかけるEMSは、国際スピード郵便（Express Mail Service）を表している。これにたいして、数年前に通販番組のなかでよく宣伝されていた

EMSは、電気的筋肉刺激（Electrical Muscle Stimulation）のことである。

しかし、これから話すEMSはそのどちらでもなく、企業の垂直境界の話にほかならない。それは、"Electronics Manufacturing Service" という比較的新しいタイプの企業ないし業態をさす。たとえば、アップルのiPod、ソニー・コンピュータエンタテインメント（SCE）のPSP、および任天堂のWii、などのさまざまな製品が、実はEMSによってつくられている。

EMSを利用した大量生産による規模の経済は、どうやらグローバル競争のカギとなりつつある。**EMSは、競合企業を含む複数の企業から受注した電子機器（たとえば、携帯音楽プレーヤー、携帯電話、およびPC、など）の受託生産に特化した企業ないし業態である。**

アップルは、バリュー・チェーンのなかでも製品の開発や企画、そして消費者向け販売というアクティビティだけを自社で行い、それ以外のすべてのアクティビティをEMSに委託することができる。

このようなニーズにこたえられるほどさまざまなアクティビティ――多種多様な製品や部品の開発からアフターサービスにいたる活動や機能――を一括して行う巨大EMSにはじまり、特定の最終製品にしぼりこんだ中小EMSなど、さまざまなタイプのEMSが存在する。

またEMSとよく似たものとして、OEM（Original Equipment Manufacturing）を知っている人も多いだろう。これは、相手先ブランド生産のことである。つまり、他の企業のブランドで販売されるさまざまな製品（たとえば、自動車、液晶テレビ、およびスニーカー、など）を生産する企業ないし業態である。ＥＭＳでは発注している企業に代わって製品の設計も行うようだが、ＯＥＭではそれを行っていない。

二〇〇七年六月にＥＭＳ関連の大きなニュースが報じられた。シンガポールのＥＭＳであるフレクストロニクスは、アメリカのＥＭＳであるソレクトロンを買収すると発表したのである。買収側のフレクストロニクスは、マイクロソフトのＸｂｏｘなどの受託生産を行っているＥＭＳ業界で世界第二位のＥＭＳである。今回の統合によって、ようやく世界第一位のホンハイ（鴻海精密工業）に匹敵する規模になるとみられている。では次に、巨大ＥＭＳであるホンハイに焦点をあてて考えてみたい（以下については、『日経エレクトロニクス』二〇〇六年七月三一日号、一二月四日号、および『日経産業新聞』二〇〇七年六月六日、に依拠している）。

CASE⑩ ホンハイ

ホンハイは、Ｆｏｘｃｏｎｎの名でも知られている台湾のＥＭＳである。海運会社の事務員をしていた郭台銘（Terry Gou）によって一九七四年に設立され、当初は白黒テレビ用のプラスチック部品などを手がけていた。ＣＥＯである郭のリーダーシップの下、年率三〇％以上の売上高成長を目標に掲げて、積極的に事業を拡大してこれまで世界の有名メーカーとの契約にこぎつけてきた。

金型は多大な製造時間を要するために、受注から最終製品を発注企業に届けるまでのリードタイムを短縮するうえで、最大のボトルネックになる。そこでホンハイは、さまざまな金型を短期間で準備し新商品をできるだけ早く市場に大量投入できる体制をつくり、金型技術を多品種大量生産体制のカギと位置づけたのである。

そしてこのＥＭＳは、あらゆる部品の金型を内製するために、約三万人の金型技術者が交代で二四時間フルに二〇〇〇台近い金型加工装置を稼動している。それればかりか、毎年約三〇〇〇人もの金型技術者を生み出す金型学校も設立した。さらに、金型技術の保護のために知的財産部門に人材を投入し金型の特許を多数取得するとともに、金型設計のデータベースすら構築してしまった。

だがホンハイは、単なる金型加工にとどまることなくプラスチック成形や材料（たとえば、マグネシウム合金）までの幅広い事業を統合的に手がけている。このような点から郭は、商品企画、そして自社ブランド製品の消費者向け販売といったもの以外をすべて担い、顧客が求めるサービスを統合的に供給する体制を「ワン・ストップ・ショッピング」と称している。

また郭は、ホンハイが世界最大のＥＭＳに成長してきた本質的な要因として、特有の企業文化を挙げている。つまり、勤勉な労働の文化、責任を負担する文化、団結によって資源を共有する文化、そして貢献と報酬を連結させる文化、といったものである（郭 2006）。そうした文化の下では、効率性の向上のために休日や深夜を問わず勤勉に働くことが高く評価される。

しかも、競合メーカーの多様な製品を扱うホンハイにとって、強い責任感は機密保護に不可欠な要件とみなされている。たとえばソニー製品は、ソニー専用の施設で製造されている。施設ごとに労働者が身につけるユニフォームが異なり、工場には警備員が担当以外の施設への立ち入りを厳しく監視している。もしソニー担当の労働者が任天堂の施設に立ち入ることがあれば、その人は解雇されてしまうというほど厳しい管理が行われている。

しかしホンハイでは、その成長のスピードに資源の蓄積（とくに、人材の育成）が追いつかないという課題が生じてきた。そこで郭は、M&Aやヘッドハンティングといった手段を活用し、日本企業（たとえば、ソニーやアイシン精機）に在籍していた人たちをスカウトして、技術開発や人材管理などの仕事を割り当てるなど必要なときに迅速な資源の獲得を実現してきた。

ホンハイの強みは、短期間で多品種大量生産体制を立ち上げられる機敏性、徹底的なコスト削減への貢献を促進する企業文化、そして製品の開発からアフターサービス、材料、ないしソフトウェア開発にまで広がる多様なケイパビリティ、といった要因によって支えられている。

近年、ホンハイに代表される巨大EMSが有利になった原因の一つとして、デジタル化に関連した環境変化が挙げられる。デジタル化は、PCやケータイなどの商品寿命を短くした。そうした商品の多くは、製造原価に占める部品関連の費用が割合的に大きい。そのために、メーカーは量産化によるコスト削減を追求しなければならない。収益を確保できるかどうかは、EMSの利用にもとづいた大量生産と短い時間での大量販売にかかっていると言える。

さらに、グローバル市場の発展という環境変化は国際分業のあり方を変え、ＥＭＳの利用をより一層促進する要因となった。たとえば、アップルが二〇〇五年に発表した三〇ＧＢのＶｉｄｅｏ ｉＰｏｄ（第五世代ｉＰｏｄ）についてみてみると、その四五一個の部品は国際分業をつうじてつくられている。そのアメリカでの定価は二九九ドルで、売上原価は一〇九ドルだと推定される。

そこで、全体的な付加価値一九〇ドルが国際分業でどのように生み出されているかを追跡してみよう。すると最大の一五八ドルは、製品の開発と企画、そして消費者向け販売を行っているアメリカの取り分である。二番目に大きい二七ドルは、主要部品を生産している日本の取り分である。ＥＭＳによる製造を担っている台湾は、日本の次に四ドルを獲得しているにすぎない（以上については、Dedrick, Kraemer, and Linden［2007］の推定による）。

アップルは、ｉＰｏｄの開発や企画を行うとともに、ｉＴｕｎｅｓのソフトや消費者向け音楽販売のｉＴｕｎｅｓ Ｓｔｏｒｅなどを創造した。主に製品企画とマーケティングに注力することによって、アメリカはｉＰｏｄが生み出す価値の大部分を獲得している。

要は、**創造性が重要なのである。** 最先端の技術を集結して高品質の製品をつくる、あるいは大量の製品を効率的につくるだけでは、それに匹敵するほどの大きな価値をえられない。この点で、企業境界のあり方は重要な意味をもつのであって、グローバル経済において日本が進むべき道は明白だと思われる。

ソニーはなぜトマトケチャップをつくらないのか

ソニーは日本を代表するメーカーの一つであり、一九七〇年代後半にウォークマンを発売して以来、独自の小型化技術やデザイン力を生かしてさまざまな製品――たとえば、PCのVAIOやビデオカメラのハンディカム――を発表してきた。しかし、さまざまな製品をつくることができるのに、トマトケチャップをつくっていない。なぜだろうか。

ソニーのトマトケチャップとともに、トヨタのパンと松下のソーセージを用意してホットドッグをつくるというのは面白い発想かもしれないが、けっして現実味のある話ではない。一方、カゴメのトマトケチャップとともに、山崎製パンのパンと伊藤ハムのソーセージを用意してホットドッグをつくるというのは面白みに欠けるとしても、現実味のある話である。

ソニーがトマトケチャップを生産しなかったり、カゴメがPCを生産しないのは、それなりの理由がある。それは、**ビジョンによって企業が実行するアクティビティと実行しないアクティビティの線引きが左右され、それによって時間の経過のなかで蓄積されるケイパビリティの種類が左右されるから**である。ケイパビリティは、企業にとって展開可能な事業や供給できる財・サービスを制約する。

カゴメがまだ愛知トマトソース製造という社名だった一九〇〇年代初期の頃、日本ではトマトやグリンピースなどの西洋野菜は一般的なものではなかった。しかし、創業者の蟹江一太郎は、将来的に日本も西洋化の道を進み、ホテルや料理店など西洋野菜の需要が大きくなっていくだろうと予想した。それにもとづいて、西洋野菜の栽培とその加工品の生産に着手し、それに必要なケイパビリティを蓄積してきたのである。

一方、ソニーは「真面目ナル技術者ノ技能ヲ最高度ニ発揮セシムベキ自由豁達《かったつ》ニシテ愉快ナル理想工場ノ建設」（設立趣意書）というビジョンを掲げていた。革新的な技術に関心をもつ社員は、自分がトマトケチャップをつくることを期待していない。また消費者も、ソニーにトマトケチャップ市場への新規参入を期待していない。PCとトマトケチャップでは、必要なケイパビリティのあいだに大きな違いがある。

きわめて稀だが、GEに代表されるように必要なケイパビリティがそれぞれかけ離れた無関連事業を行う企業もある。だが、少数の例外を除けばたいていの場合、**企業がどのようなアクティビティを行うかは、すでにどのようなアクティビティを行ってきたか、あるいはどのようなケイパビリティを蓄積してきたかによって左右される**（Coase 1972）。

世界で進化するさまざまなネットワーク

ネットワークは、組織間の長期的な協力（つながり）によって特徴づけられる。価格にもとづく一回限りの取引である市場でもなければ、統合によるヒエラルキーに依拠した企業でもない第三の可能性である。

複数の企業のあいだには、協力によって生じた価値をわけあうが、いったん非協力に転じれば取引の終結など厳しい制裁が課されるだろうという予想が生成する。それによって、現在の協力にたいするインセンティブが与えられる。**ネットワークを形成している企業は、協力や価**

値分割にかんして共有された予想を抱いている——関係的契約を結んでいる——のである。**ネットワークの範疇には、「戦略的提携」だけでなく「系列」や「クラスター」などの形態も含まれる。**前述したような富士フイルムホールディングス、大正製薬、そして富山化学の戦略的提携のほかにも、二〇〇七年一〇月に発表された協和発酵グループとキリングループのあいだの長期関係の試みも最近の例として挙げられる。この戦略的提携は、協和発酵とキリンファーマの統合によって医薬事業でのシナジーを追求するものである。

一方、系列は日本の自動車や家電などの完成品メーカー（アセンブラー）、そしてそれに部品を供給する一連の下請企業（サプライヤー）のあいだで進化した企業間関係のことである。たとえば、トヨタとデンソーのあいだの長期関係が挙げられる。デンソーは、もともと日本電装という企業で、一九四九年にトヨタからのスピンオフ（企業の一部を分離独立させること）によってできた企業である。

トヨタは、デンソーの株式を所有するとともに役員派遣をつうじて経営にたいする影響力を確保してきた。そしてデンソーは、センシングシステムやＡＦＳ（Adaptive Front Lighting System）などの先進エレクトロニクスに関連するケイパビリティの開発と蓄積を進めてきた。しかし他方で、トヨタもそうしたケイパビリティを開発することによって、エレクトロニクス化が進む自動車の進化にうまく適応している。

さらにクラスターは、さまざまな組織（たとえば、企業、大学、および研究所）が地理的に集中した状態のことである。「戦略経営論」の分野で有名なマイケル・ポーター（Michael

Porter）がこの概念を提示し、競争の状態、関連産業の発展、そして需給条件、などの要素がうまく結びついた状態をもってクラスターの生成とみなした（Porter 1998）。

それらの要素の結びつきの程度には差があるものの、世界中を見渡してみるとさまざまな組織の地理的な集中を確認することができる。まず代表的なクラスターの一つとして、「シリコンバレー」を挙げることができる。アメリカのカリフォルニア州のスタンフォード大学を中心とした地域で、そこではＩＴやバイオなどの新しい産業が生まれている。

シリコンバレーでは、新しいアイデアをもった起業家のネットワーク、および彼らのアイデアを評価して技術進化の方向を形づくるとともに投資を行うベンチャー・キャピタリストのネットワークが進化を遂げている。中国やインドといった国にルーツをもつ人たちが母国に事業機会を求めるなどして、そうしたネットワークもグローバル化しつつある（Saxenian 2002；谷口 2003a,b）。

また、イタリアの中部と北東部をあわせた「第三のイタリア」と呼ばれる地域では、繊維・アパレル関係の中小企業のネットワークが進化している。さらに、日本では福岡市が音楽やゲームのクラスターを促進する試みを行っている（谷口 2007）のにたいして、中国では天津市が環境志向型の産業集積の形成に尽力している（谷口 2003a,b）。これら以外にも、世界では多様なネットワークが進化を遂げている。

ケイパビリティの壁としての組織境界

一九九〇年以降、アメリカでは大手自動車メーカーが部品事業（たとえば、ＧＭのデルファイやフォードのビステオン）のスピンオフを試みてきた。環境変化のなかで自分たちが何者かということを問いなおし、企業境界を引きなおしたということであろう。実際のところ選択と集中の戦略を掲げて、ドメインの取捨選択と資源の集中的配分を進めることが企業経営のトレンドになったようである。

しかし、その戦略に従ってしぼりこんだ事業や製品がさらなる環境変化によって陳腐化してしまったらどうだろうか。たとえば、ｉＰｏｄなどの携帯音楽プレーヤーの出現によってわれわれの音楽の楽しみ方は大きく変化した。かつてはＣＤの出現によって、レコードが陳腐化したこともあった。

また、アルバムとして多くの楽曲がパッケージ化されたＣＤをわざわざタワーレコードに出かけて買うよりは、好きな楽曲だけをｉＴｕｎｅｓ Ｓｔｏｒｅで買ったほうが便利だし、満足度も高いと考える人たちも増えただろう。このような状況をＣＤショップはどのようにうけとめるのだろうか。

今後も、予測のつかない変化の波が社会を襲うだろう。そのとき変化の波にうまく乗ることができるか、あるいは流されてしまうのか。そのわかれ目は、市場をつかいこなすための間接的ケイパビリティを蓄積できるかどうかにあるように思われる。つまり、他の人たちに利用されるだけの組織の被支配者になるのか、それとも自分のことを自分で判断できる組織の支配者になるのか、という二者択一である。

グローバル経済のなかでさまざまなタイプのＥＭＳ（たとえば、多品種の大口注文を重視する巨大ＥＭＳ、および少品種の小口注文を重視する中小ＥＭＳ、など）が進化するなかで、自社の戦略に適合したタイプのＥＭＳを冷静に判断する必要がある。そのためには、ＥＭＳの性質を理解しなければならない。

しかし市場や企業の発展によって、現時点では予測できない新奇的な業態が生み出される可能性があるため、次々と生み出される変化の性質を理解し続けていかなければならない。変化にかんする知識を獲得するための基本的な選択肢は、独力でこなす、誰かと協力する、あるいはカネで買う、といった三つなのである。

境界のカギは、自分がすることとしないことについて決めるだけでなく、何をいかにして獲得するかを決めることである。したがって企業境界のカギは、ドメインや資源獲得の仕方に関連した戦略的意思決定にある。もちろんその担い手は、経営者にほかならない。

企業は、時間の経過のなかで蓄積してきたさまざまなケイパビリティによってなりたっている。そうしたケイパビリティは企業のあいだを仕切る壁の役割をはたしていて、将来的にどのようなアクティビティが可能になるかを制約する。そうした制約を超えるには、さまざまな外部成長のための手段があるはずである。そして**21世紀企業の経営者には、グローバル経済のなかで広い視野にもとづいてＭ＆ＡやＥＭＳなどをうまくつかいこなすケイパビリティが求められている。**組織を適宜に利用するのも大切だが、同様に市場を適宜に利用してケイパビリティの壁を超えることも大切なのである。

第6章 制度をまとめて組織をつくる

――組織デザイン

第6章のハイライト

★組織デザインは、まとまり（秩序ないし「コヒーレンス」）をもつ組織をいかにつくるかという経営者の課題である。

★経営者は、ビジョンにもとづいて企業制度をコヒーレントに配置しなければならない。

★制度は、社会を支えるルールや共有予想（たとえば、道路通行の仕方や法）である。

★企業制度は、企業にかんするルールや共有予想（たとえば、組織形態や組織文化）である。

★組織をデザインするうえで、補完性（選択肢の組み合わせを考えた場合、相互にその価値を高めあう性質）、選択集合の非凸性（企業が何かを選択する場合にその選択肢を無限に分割できない性質）、そして目的関数の非凹性（業績を最大化するような最適な選択肢が一つだけ存在する性質）に加えて、さまざまなトレードオフ（ある選択肢を追求すると他の選択肢を犠牲にしなければならない状況）や環境変化に注意を払う必要がある。

社会を支える制度

組織デザインとは企業制度を組み合わせること

企業を新たに設立した起業家にせよ、既存の企業の経営を継承した経営者にせよ、企業の将来像であるビジョンの下で事業や製品の新しいアイデアを現実化するために、変化する環境の下でさまざまな資源をうまく配置できるように組織をつくらなければならない。組織デザインは、いかに組織をつくるかという経営者の重要な課題である。

経営学では、組織形態を出発点として組織デザインを考えてきたようである。組織形態は、企業の資源の流れを左右する重要な制度であり、組織図の形で客観的に表現できるためわかりやすい。しかし、第3章で述べたM型組織にするか、あるいはマトリクス組織にするか、などといった組織形態の問題だけでは、企業の組織デザインを理解するのに十分ではない。

組織をつくるには、実に幅広い領域に及ぶ意思決定が求められる。――たとえば、株式会社にするか、あるいは合同会社にするか。株式会社にするとしたら、取締役会の構成をどうするか。組織への貢献を強調する文化、あるいは個人の成長を促進する文化のどちらを促進するか。

業績給を採用するかどうか。採用するとしたら、個人、チーム、部門、あるいは全社の業績をどのように反映させるか。ベルトコンベアを排除するかどうか。そして、少人数のチームで一つの製品を組み立てるという「セル生産方式」を採用し、労働者の能力に幅をもたせるかどうか、など。

つまり組織デザインは、部分的というよりは全体的な要素の組み合わせの問題なのである。企業が高業績を実現するために相互に適合したさまざまな要素の組み合わせ（コヒーレンス）をつくり出せるかどうかという点こそが、組織デザインのカギである（Roberts 2004）。

企業は、法というゲームのルールの下で経済活動を展開する組織である。その目的は、法の枠組のなかでさまざまなステイクホルダーにたいして価値――たとえば、消費者には財・サービス、株主には配当、従業員には報酬や雇用機会、そして政府には税金、など――を創造することである。

そして、時間をつうじてさまざまな個人や組織のあいだの相互作用によってさまざまなパターンが生み出される。一般的にそうしたパターンは、「制度」と呼ばれる。もし制度がないとすれば、人々の生活や企業の活動に支障をきたし社会がなりたたなくなってしまうだろう。

また、企業に関連するさまざまな制度（企業制度）の話題は、新聞や雑誌の記事として欠かせないものとなっている。たとえば日本では、ライブドアや楽天によるメディアの買収劇を想起すればわかるように、株主至上主義的なコーポレート・ガバナンスの是非をめぐる議論が白熱した。

重要なことは、企業を構成する制度が相互に適合しているかどうかという点である。経営者は、組織デザインを行ううえで相互に適合した企業制度を全体として配置しなければならない。こうしたコヒーレントな企業制度の複合体は、「組織アーキテクチャ」と呼ぶべきものである（谷口 2006b）。要するに、組織デザインではさまざまな企業制度のあいだの関係性が問題になる。

だがこれまで、企業の組織アーキテクチャは、企業の業績を左右する三つの相互依存的な要素——意思決定権の配分、報酬のシステム、そして業績評価のシステム——の組み合わせにすぎず、そのデザインにおいては、適切な意思決定を行うための知識に加えて、それを生産的に利用するためのインセンティブが重要な意味をもつと考えられてきた（Brickley, Smith, and Zimmerman 2003）。

知識の利用とインセンティブの提供、つまりコーディネーションとモチベーションは組織にとって中心的な問題である。適切な人々によって適切な仕方で適切なときに適切な場所でさまざまなタスクが効率的に行われること（コーディネーション）を確実にすべく、利己的な人々にインセンティブを与えること（モチベーション）が企業の存在意義なのである（Roberts 2004）。

コーディネーションとモチベーションの両方が、さまざまな企業制度をコヒーレントに配置するという組織デザインのカギである。しかし組織経済学は、一方のモチベーションだけをとりあげて企業を囚人のジレンマ・ゲームの解とみなしてきたきらいがある。つまり、機会主義やインセンティブの不整合という負の要素を回避するための制度とみなしてきた。

　しかし企業は、コーディネーション・ゲームの解でもある。つまり、特異な資源やケイパビリティの蓄積と利用をつうじてレント（他社よりも大きな収益）という正の要素を創造するための制度でもある（第2章と谷口［2006b］を参照）。

　さて、企業制度間の適合的な関係性について考えてみる。便宜的に二つの企業制度に焦点をあてる。一つは、特定の株主が過半数株式を保有していて強い支配力を行使できる株主志向型のガバナンス制度の場合、経営者の戦略策定に少なからぬ影響を及ぼしうる。

　このとき経営者は、創業時から続いているため撤退を回避したい事業ですら、それが何の価値も生み出さなければ撤退を余儀なくされる。そうでなければ、やがて自分が解任されてしまうかもしれない。そのために自分の方針が雇用維持だとしても、その方針をみなおして撤退事業の部門の人たちを解雇しなければならないかもしれない。この場合、株主志向型のガバナンスと雇用維持は相互に適合しない組み合わせとなる。

　これとは反対に、株式相互持合いの制度の場合、それをつうじて企業間で支配力を相殺しあうとすれば、経営の自律性を確保することができる。株主による支配力が弱まるとすれば、経営者は伝統的な事業に固執することも、またその部門の人たちの雇用を維持することもできる。この場合、株式相互持合いと雇用維持は相互に適合した組み合わせとみなされる。

　しかし、実際に経営者が取り組んでいる組織デザインは、二つの要素の組み合わせにとどまるほど単純ではない。しかも、企業をとりまく環境は変化し続けているので、生成した組織がいつまでも有効とはかぎらない。したがって、組織のさまざまな要素間の関係性だけでなく組織と新しい環境との関係性にも配慮しなければならない。

このような複雑性、変化、そして関係性を考えながら、さまざまな企業制度をうまくまとめて組織をつくらなければならない。それでは、制度とは何か。次に少し専門的な話になるが、一般的な制度について考えてみよう。

制度はさまざまな理由で存在する

第3章で説明したように、人は自分がもつ特殊知識——ローカル知識（ハイエク的知識）——にもとづいて他の人たちと期待を共有してさまざまな秩序を生み出している。たとえば、出勤のためにJR東日本の田町駅でエスカレーターを利用するとき左側にならぶ。そして会社に到着すれば朝礼があり、社歌や社訓を唱和するのが当然のこととみなされている。職場には、営業成績を記したグラフと社内禁煙のポスターが掲示してある。また社用車で出かけるとき、道路の左側を走らなければならない。

また日本には、会社の基本的なあり方を規定している会社法、そして企業不祥事を明らかにする内部告発にかんする公益通報者保護法、などの法律が存在している。さらに、消費者を悪徳業者から保護するための消費者契約法もある。

このように、エスカレーターのならび方、会社という組織、社内でのふるまい方、そして法律、といったものを表すときに「秩序」というよりはむしろ「制度」という言葉を用いるのが一般的である。そこで、制度とは何かという点についてまず説明しておきたい。

すでに第2章において、組織に価値が浸透することで制度は生成するという社会学者のフィリップ・セルズニックの制度観（制度のとらえ方）を説明してきた。しかしそれだけでは、制度とは何かを適切に理解することは難しいのではないだろうか。そこで、「新制度主義」という耳慣れない言葉にかんする話からはじめてみたい。

新制度主義は、近年展開されている新しい制度研究の総称としてとらえられる。それ以前に、ソースタイン・ヴェブレン（Thorstein Veblen）を嚆矢《こうし》とした「制度主義」という流れがあった。独創的な彼は、制度を広く普及した思考習慣ととらえて、人間と制度の相互依存的な関係や制度進化を問題にした（Veblen 1899/1992）。

しかしロナルド・コースは、制度の適切な理論を欠いた事実の羅列にすぎないとして制度主義を厳しく批判した（Coase 1984）。そのような批判もあり、社会科学の分野では厳密な理論の構築に向けて制度研究が進化を遂げてきた。

経済学の制度研究において個人は、機会主義、限定合理性、あるいは情報の非対称性、などのさまざまな問題をもつとみなされている。これらは、他の人たちや組織との円滑な取引や契約を妨げる――取引費用を高める――という点で負の要素である。**制度は、人間による合理的選択の結果として生成し取引費用の節約に貢献するものとみなされる。**

一方、社会学の制度研究では、個人は自分の自由意志で制度を選択できないと考えられている。たとえば将棋をする場合、将棋のルールに従わねばならないのであってオセロのルールを勝手に選択することはできない。**制度は、自由に選択できるものというよりはむしろ当然とみなされた期待としてとらえられる。**

　これら二つの見解は、それぞれ「合理的行動の新制度主義」と「社会構築主義の新制度主義」と呼ばれている（DiMaggio 1998）。それらは、制度の存在理由について異なる考え方を示しており、前者はいかに取引費用を節約できるかという「効率性」、後者はいかに社会的な支持をえて認知的な意味形成ができるかという「正当性」を重視する。制度というものは、さまざまな理由で存在するのである（谷口 2002b）。次に、経済学の制度観に焦点をあててみたい。

経済学からみた制度

　新制度主義の開拓者であるコースが一九九一年にノーベル経済学を受賞した後、制度研究は活発になったようである。そして、一九九四年にこの賞を受賞したジョン・ナッシュ（John Nash）のナッシュ均衡（相互最適反応）は、制度研究に不可欠な概念となっている。そこで、経済学者による代表的な制度観を次に挙げる。

(a)制度は、社会のすべてのメンバーが合意している社会行動の規則性とみなされ、くりかえされる状況において行動を特定化する。そして、自己拘束的であるか、あるいは外部権力によって強制されるという特徴をもつ（Schotter 1981）。

(b)制度は、社会におけるゲームのルールとして人間の相互作用を形づくる（North 1990）。

(c)制度は、予想可能なパターンをもつという点で組織化された行動を表す。そして、行動にかんする知識を体化しており、さまざまな次元で働くという階層性をもつ（Langlois 1992）。
(d)制度は、スタンダード（規格や標準）になった社会的技術（分業とコーディネーションにかかわる技術）であり、特定の目標や環境の下で実行されると期待される物事のことである（Nelson and Sampat 2001）。
(e)制度は、制度的要素（ルール、予想、規範、そして組織）からなるシステムであり、それらによって社会行動の規則性が生み出される。そうした制度的要素は、個人の行動に影響を及ぼす外生的なものであり、人間がつくった非物理的な要素である（Greif 2006）。
(f)制度とは、社会において定着した支配的なルールのシステムであり、社会的な相互作用を構造化する（Hodgson 2006）。
(g)制度は、社会的な相互作用の自己維持的で際立ったパターンである。すべての経済主体が知っているルールとして表現され、ゲームのプレイの仕方——いかにゲームをプレイし、またプレイすべきか——にかんする経済主体（個人や組織）の共有予想に具現化される（Aoki 2007）。

これら七つの制度観のいくつかに共通している言葉をみてみると、「行動の規則性」「相互作用」「ゲーム」「パターン」「期待」「予想」「ルール」、そして「システム」、といったものが挙げられる。相対的にみると、(e)と(g)が包括的な制度観だと言えるだろう。

ゲームとは、意思決定を行う個人や組織――ゲームのプレイヤー――が相互に相手の行動を予想し、自分の利得が大きくなるように戦略を選択するという相互依存的な状況をモデル化したものである。彼らが相互作用をつうじて合理的に意思決定を行い、何らかの戦略を選択した結果、ゲームの均衡がもたらされる。そして、その結果を数値化したものを利得と言う。プレイヤー、戦略、そして利得、などはゲームのルールによって決められる。

経済学者は、ゲームのルール、ゲームのプレイヤー、あるいはゲームの均衡のいずれかを制度とみなす傾向があった（Aoki 2001）。しかし、スタンフォード大学のアヴナー・グライフ（Avner Greif）は、そうした一面的な見方ではなく、**制度をさまざまな制度的要素からなるシステムとしてみなすべきだ**と主張している（Greif 2006）。

制度はシステムである

次に、グライフに依拠しながら「システムとしての制度」という見解について考えてみよう。まず彼は、制度を構成する制度的要素とは人間がつくった非物理的な要素だと述べている。人間がつくった要素としては、われわれの身近なところではたとえば家、ビル、電車、道路、ドア、そしてパトカーなどがある。ただし、これらは物理的な要素であって制度研究の対象とはならない。

これにたいして、宗教上の信条、あるいは「法をおかせば刑罰が科せられるだろう」といった期待や予想などは、人間がつくった非物理的な要素とみなされ、制度研究の対象となりうるものである。では次に、福岡飲酒運転事故にふれながら、システムとしての制度について考えてみよう。

CASE⑪ 福岡飲酒運転事故

二〇〇六年八月二五日に福岡市東区の海の中道大橋でおきた福岡飲酒運転事故は、いまだ記憶に新しい。福岡市職員が飲酒運転していた乗用車がＲＶ車に追突し、追突されたＲＶ車は博多湾に転落した。それは、飲酒運転がＲＶ車に乗っていた三人の幼い子供の命を奪う原因となった実にいたましい事故であった。新聞やテレビなどの報道によれば、飲酒事故をおこした職員は、事故後に大量の水を飲むことによって飲酒運転の事実を隠そうとしたとされている。

きわめて悲惨な事故であったにもかかわらず、二〇〇八年一月八日に福岡地方裁判所で開かれた判決公判では、危険運転致死傷罪の成立が認められることはなく業務上過失致死傷罪が適用されるにとどまった。結局、その職員には懲役七年六カ月の実刑判決が下された。

刑法二一一条第一項では、業務上必要とされる注意を怠って人を死傷させた者は五年以下の懲役か禁固、もしくは一〇〇万円以下の罰金が科されることが規定されている（業務上過失致死傷罪）。これにたいして刑法二〇八条の二では、アルコールや薬物などの影響で正常な運転が困難な状況で自動車を走行させるなどして、人を負傷させた者は一五年以下の懲役、また人を死亡させた者は一年以上二〇年以下の有期懲役が科されることが規定されている（危険運転致死傷罪）。

ただし、二〇〇七年六月一二日に改正刑法が施行され、刑法第二一一条第二項により自動車運転過失致死傷罪が新設されたのだが、福岡飲酒運転事故はその施行前におきたものなので適用外とされる（もし適用されていたとすれば、懲役七年六カ月ではなく懲役一〇年六カ月と刑罰がさらに重くなっていたはずである）。

日本社会で生活している人々は、「飲酒運転によって法をおかせば刑罰が科されるだろう」という予想を抱いているだろう。今回の福岡飲酒運転事故では三人もの尊い命が奪われたこともあって、事故をおこした職員にたいする刑罰の軽さ、地方裁判所による不適切な判断、あるいは法の不備、などにたいして人々の批判が集中した。

しかし、そうした非物理的な予想を物理的に表現した刑務所や法廷そのものは、遵法という制度化された行動を生み出すのに副次的な役割しかはたさない。むしろ、自動車運転にかんして行動の規則性（「飲んだらのるな」というルールに従った運転の仕方）を生み出すうえで重要な役割をはたすのは、ルール（自動車運転のルール）、組織（警察、検察庁、および裁判所、など）、そして予想や規範（「他のドライバーや当局は特定の仕方で行動するだろう」や「自動車を運転する場合、特定の仕方で行動しなければならない」）といった制度的要素なのである。

グライフが述べているように、人々がルールに従うように動機づけられないかぎり、そのルールが行動に反映することはない。実はそうした動機づけの役割をはたしているのは、予想（「Xだろう」）や規範（「Xせねばならない」や「Xしてはならない」）なのである。

つまり、われわれが飲酒運転をしないのは、飲酒運転をしないという自動車運転のルールそのものによるのではない。むしろ、「他の人たちは飲酒運転をしないだろう」という予想や「飲酒運転をしてはならない」といった規範によって、ルールに従うことを動機づけられている。

制度は、ルール、予想、規範、そして組織、といった制度的要素からなるシステムである。単にルールがあるだけでは、人々が特定の行動を選択することで行動の規則性（パターン）を導くことにはならない。このように、制度を単体ととらえる仕方は不適切なのである。

制度の二面性

前述した(g)は、スタンフォード大学の青木昌彦名誉教授による比較制度分析の制度観である。制度は、行動予想であるとともに共有知識としてのルールでもある（図6・1の点線で囲まれた部分）。また、①客観性と主観性という二面性、②可能性の拡大と制約という二面性、③内生性と外生性という二面性をもつ。そこで、比較制度分析の見解によりながら、制度とは何かについて考えてみたい（以下については、とくにAoki［2007］に負うが、さらにAoki［2001, 2008］も参照）。

図6.1 制度の二面性

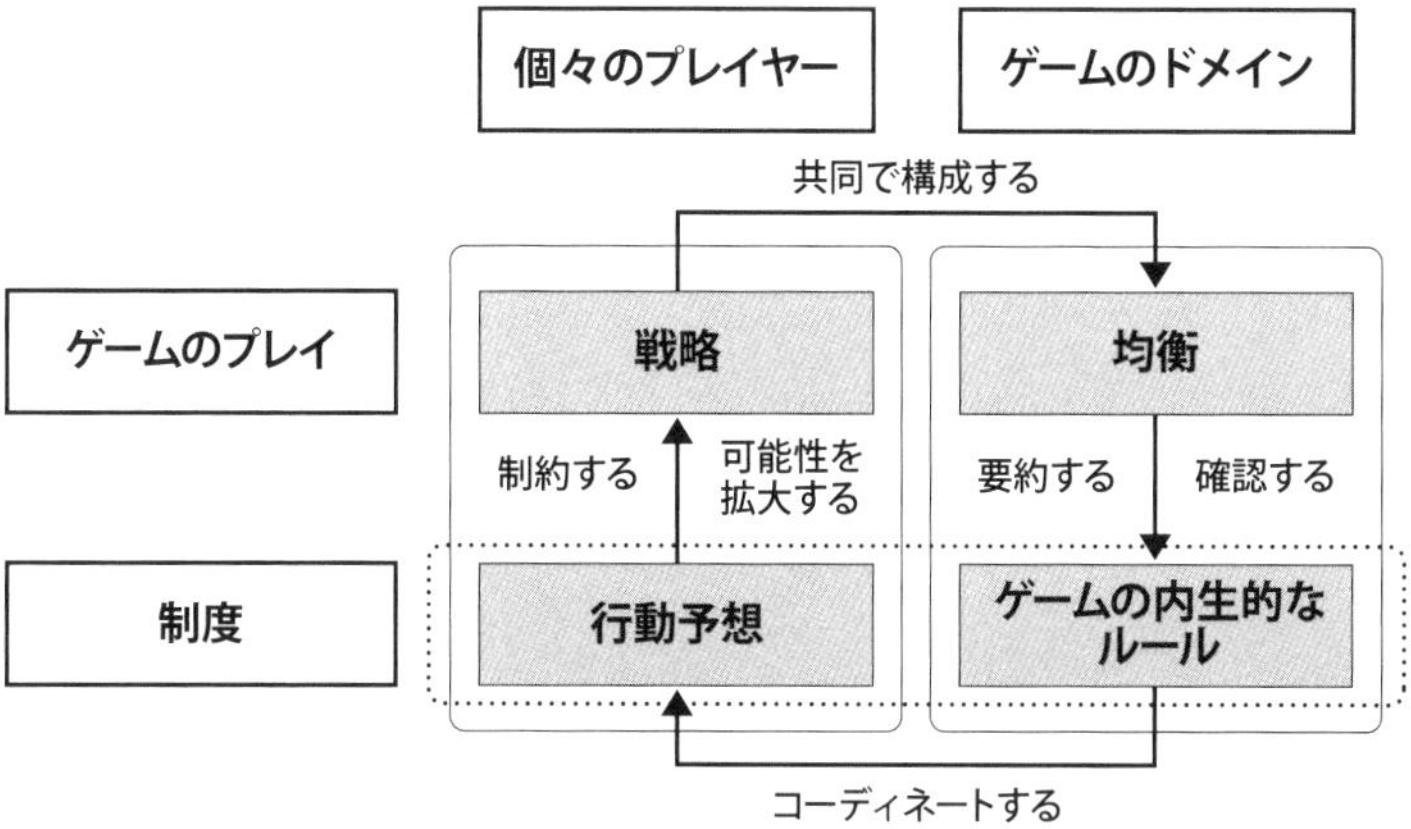

出所：Aoki (2007), p.9

個人は、限定合理的だと考えられ、自分が参加しているゲームにかんして詳細な知識をもっていない。しかもハイエクが述べていたように、それぞれの個人がもつ知識は異なっていて特殊知識（ローカル知識）となっている。

たとえば突然、上司から新年度に別の部署へ異動になると告げられたとしたら、どのように対処すればよいだろうか。ここでは、勤務先のグローバル企業で広報部から経営企画部へと異動になると仮定しよう。このときその部下は、異動先の経営企画部の詳細についてはもちろん知らない。——経営企画部にはどのようなメンバーがいるのか。どのような仕事をすればよいのか。あるいは、その部長がどのような人物で、部下にたいしてどのような能力を求めているのか、など。

異動後ですらも、新しい部署のすべてを詳細に把握するのは不可能だろう。しかし、新しい部署におけるゲームのプレイの仕方（ふるまい方）をおおまかに把握することはできる。つまり、上司や同僚の観察やら人脈やらをつうじて不完全ながらも情報収集につとめることで、経営企画部におけるふるまい方についてその部署の人々が共有している際立った特徴（たとえば、「残業しない」や「八時三〇分出社」など）を理解するのである。

このように、ゲームをプレイする仕方（均衡）の際立ったパターンにかんする共有予想、すなわち行動予想は、制度を構成する要素とみなされる。人々の行動予想がコーディネートされて、それにもとづいて特定の戦略がくりかえし実行されるようになると、ゲームのプレイの仕方にかんする際立ったパターンが生成する。

そうしたパターンは、自己拘束的なゲームのルールとみなされるようになる。ゲームのプレイの仕方にかんする際立ったパターンの知識は、経済主体のあいだで共有される。そして、制度の要素としての共有知識とは、ゲームの安定したプレイの状態にかんする際立った特徴にかかわる知識のことである。

経営企画部のメンバーは共有知識があるからこそ、他の人たちが何をしているか、あるいは自分が選択した戦略にたいしてどのように反応するかにかんする行動予想をえることができる。この点で共有知識は、人々の行動予想をコーディネートして共有させるために一役買うと言える。

だがそのためには、均衡の際立った特徴にかんする共有知識は、ルールとして言語などのシンボルの形で表現される必要がある。そして、そうしたルールが人々に共有されて広く知られるようになると、「Yならば、Xだろう」に要約される。また、そうしたルールの実効性を確保するには、実際にゲームの均衡がくりかえしプレイされなければならない。

制度は、すべての人々が認識できる形で表現されると、客観的な現実として存在するようになる。客観性というのは、飲酒運転の例で言えば、飲酒運転をすると罰せられるというルールは、実際にそのルールをやぶることによって検証できることを意味する。

そして制度は、すべての経済主体によって共有された主観的な予想でなければ、ルールが人々による行動の選択に反映されることはない。つまり、飲酒運転に刑罰を科すというルールは、六法全書のなかに客観的に表現されるとしても、それが実際に履行ないし実効化されると誰もが予想しないかぎり、制度とはみなされないということである。

このように制度は、共有知識としてのルールがもつ客観性に加えて、共有された行動予想がもつ主観性によって特徴づけられる。そしてこの二面性は、可能性の拡大と制約というまた別の二面性へとつながっていく。つまり制度は、予想をつうじて人々による戦略の選択を制約すると同時に、彼らの限定された情報処理能力を補うことで相互にまとまりのある選択を導く。

飲酒運転にかんする法の制度について言えば、ドライバーは車を運転しようとするときには「飲酒する」という選択肢を排除しなければならないのでその行動は制約されてしまい、レストランで食事したときにビールが飲みたくても飲むことはできないのである。

一方で、そうした法の存在によって、余計な情報（たとえば、他のドライバーは飲酒するかどうか、飲酒するとしたら何をどの程度飲むだろうか、そして警官はどの程度の飲酒ならば罪をみすごしてくれるのだろうか、などといった情報）を収集する必要がなくなり、単純に「飲酒しない」という戦略を選択できる。可能性の拡大とは、そうした情報の節約のことなのである。

もし車で出かけた自宅近所のファミレスで悪い誘惑に負けてしまい、食事をして大量のビールを飲んだ直後に車を運転して、警察の飲酒検問にひっかかってしまったらどうだろうか。しかも、警察に酒気帯びと判断された結果、アルコール検査をうけさせられて規定値を超えていたために、検挙（事件とその被疑者を特定することを意味し、犯人の身柄を拘束するという逮捕とは異なる）されてしまったらどうだろうか。

そもそも「飲酒運転をすれば警官につかまって、やがては法によって厳しい刑罰を科されるだろう」と予想すれば、「飲酒運転をしない」――「飲酒しない」、あるいは「家族や運転代行を呼んで運転してもらう」、など――という選択を行うはずである。

だが、「飲酒運転でつかまったとしても、警官にカネを渡せば罪からのがれられるだろう」というケースが、広くみられるようになったらどうだろうか。福岡飲酒運転事故のケースについて言えば、贈賄ではないものの、大量の水を飲むというまた別の悪質な選択が行われていたようである。

賄賂がまかりとおるようになれば、もはや実効性のない法は制度と呼ぶにふさわしいものではない。むしろ、警官にたいする贈賄によって罪を見逃してもらうという慣行が制度とみなされ、飲酒運転のゲームには少なくとも二つの制度――法の制度と賄賂の制度――が存在する。

ただし、いずれの制度が生成しようとも、人々にとって外生的な制約となることにかかわりはない。だが、飲酒運転を禁止する法の制度が存続するためには、人々がそうした法を現実のものとして信じることで、飲酒しないという戦略を実際に選択し続けなければならないのである。人々が飲酒運転をしないという選択の集計的な結果として、飲酒しないという均衡が内生的に創出される。そうした均衡の際立った特徴は、共有知識として刑法のようなシンボルの形で表現される。そうしたルールは、「飲酒運転をすれば、刑罰を科せられるだろう」といった予想に要約されて、すべての人々にとって共有された行動予想とみなされるようになる。

さらに行動予想は、持続的に人々による戦略の選択を制約するだろう。そして、そうした行動予想にもとづく人々による選択の結果、また均衡が再生産されていくのである。このように制度は自己維持的であるうえに、均衡の際立った特徴にかんする共有知識は当然のものとみなされる。つまり制度は、内生的に創出されるが外生的な存在になる。

以上のように、**比較制度分析の考え方によれば、制度は人々が共有する行動予想であり、均衡の際立った特徴にかんする共有知識としてのルールでもある。この制度観は、制度がもつ二面性のみならず、人々がシンボル化したルールを実際に現実のものと信じたときにそれが制度となるという実効性にも着目したものである。**

福岡飲酒運転事故は、さまざまなメディアをつうじて飲酒運転の恐ろしさが伝えられた結果、「飲酒運転をしてはならない」という規範とともに、「飲酒運転をすれば、厳しい刑罰を科されるだろう」という人々の予想を強化したように思われる。そして実際、法改正をつうじた飲酒運転にたいする刑罰の強化につながった。

しかし対照的に、地方裁判所によって下された判決は、「飲酒運転をしても、軽い刑罰ですむだろう」という人々の予想を促進し、「飲酒運転をしてはならない」という規範を弱体化しかねないものだった。

今回の慎重な法解釈をきっかけに「深刻な事故をおこしても、軽度の刑罰ですまされるだろう」といった形で予想が共有され、自分を統治できないドライバーがますます増えるとすれば、日本社会において、皮肉なことに飲酒運転の慣行が制度として確立するおそれもある。しかし「飲んだらのるな」を実践できないMA（問題［Mondai］がある［Aru］人）を増殖させてはならない。

くりかえしておくが、法は人々によって現実のものと信じられないかぎり制度にはならない。しかも、専門的な知識と権力をもつ裁判官が下す判決は、法というシンボル化したルールにたいする信頼を左右する。——専門的に言えば、そうした判決はフォーカル・ポイント（焦点）となる。

裁判官は、社会においてMAの増殖を抑制できる立場にある稀少な存在である。慎重な法解釈も大切かもしれないが、それによってMAを増殖させては意味がない。また、先に示した(a)の制度観にもあったように、法を実効化するうえで外部権力としての裁判官に求められる社会的責任は重い。では次に、ジョン・ロバーツの組織デザイン論（Roberts 2004）に依拠しながら、組織デザインにかんする基本概念について説明してみたい。

組織デザインを理論的に考える

三つの基本概念

組織デザインは、資金調達の仕方、委員会の設置、命令系統、タスク配分の仕方、報酬や制裁の仕方、儀式のあり方、ドメイン、取引の仕方、ターゲットとすべき顧客や市場セグメント、従業員に要求するスキルの種類と幅、あるいは在庫管理の仕方、など実に多岐にわたる問題である。

それぞれにかんする選択をどのように組み合わせて、まとまりのある全体をつくりだすかという組織デザインの問題を考えるうえで、三つの基本概念──「補完性」「選択集合の非凸性」、そして「目的関数の非凹性」──を理解しておく必要がある。

第一に、補完性はある財・サービスの組み合わせ（たとえば、コーヒーと砂糖の組み合わせ）を考えた場合、相互にその価値を高めあうような関係である。コーヒーだけを飲んだ場合にえられる満足度、そして砂糖だけを食べた場合にえられる満足度をたした場合よりも、コーヒーに砂糖を入れて飲んだ場合にえられる満足度が大きければ、コーヒーと砂糖は補完的だとみなされる。

では、この概念を組織デザインの場面にあてはめてみよう。すると、ある要素の組み合わせ（たとえば、自動車の生産システムのフレキシビリティと製品ラインの幅）を考えた場合、一方を増やすことによって他方を増やすことが有利になるのであれば、これらの要素のあいだには補完性がある。

企業が生産する車種を変更するときの段取り替えを即座に行うことができれば、その生産システムのフレキシビリティは高い。製品ラインの幅を広くするのであれば、フレキシビリティを大きくすることが有利だろう。また、労働者の訓練によってそのスキルを向上させてフレキシビリティを大きくするのであれば、車種を増やして製品ラインの幅を広くすることが有利だろう。反対に製品ラインの幅を狭くして車種をしぼりこむのであれば、フレキシビリティを大きくする価値はなくなってしまうだろう。

トヨタでは、高いフレキシビリティと広い製品ラインという補完的な組み合わせを選択してきた。実際に、カイゼンの文化を注入され訓練をうけた多能工が一本のラインで数百種類にも及ぶ製品を生産してきた。これにたいして、黎明期のフォードでは黒いT型という車種にしぼりこんでおり、その生産に特化した低いフレキシビリティのベルトコンベアを設置していた。

第二に、企業が何らかの選択を行う場合にその選択肢を無限に分割することができないというのが、選択集合の非凸性が意味するところである。つまり、ヘンリー・フォードがT型の大量生産に向けてベルトコンベアを設置したとき、その台数は〇台以上だったはずである。設置しない場合を含めれば、ベルトコンベアの台数は非負整数になるのであって、実際に三分の一台や一二・二四六台といった中途半端な台数を設置することはできない。

第三に、目的関数の非凹性について説明する。企業は、さまざまな選択を組み合わせて高業績を実現するという目的をもっている。選択と業績の関係は、目的関数によって示され、企業は一つの選択（たとえば、生産量）しか行っていないとしよう。

目的関数が凹型だということは、業績を最大化するような最適生産量が一点だけ存在することを意味する。つまり、業績を最大化するような一意の最適選択（one best way）が存在する。しかし、そうした目的関数の凹性は非現実的な話であって、実際には最適ではないものの相対的に望ましい複数の選択がありうる。つまり、現実は“No one best way”の世界なのであって、目的関数の非凹性はそうした現実をより適切に反映している。

経営学の分野には、環境と組織形態の関係性を扱った「コンティンジェンシー理論」という考え方がある。それは、一意の最適形態が存在することを否定し環境によって有効な組織形態が左右されることを明らかにしている。実はこの考え方も、目的関数の非凹性とつながるものだということを付け加えておきたい。

目的関数の凹性を前提とすれば、グローバル経済には最適な組織が一つだけ存在することになる。しかし、トヨタとフォードの組織、あるいはソニーと松下の組織はけっして同じだとは言えないだろう。**企業は異なった戦略を選択し、それぞれ異なる組織やケイパビリティを開発している。その結果として、それぞれ異なる歴史をもつのである**（Nelson 1991）。そうした企業の多様性を理解するには、目的関数の非凹性を前提にしたうえで企業の全体的な制度の配置（組織アーキテクチャ）に焦点をあてる必要がある。

大胆かつ一斉に：コヒーレンス

第1章で組織のまとまりとは秩序のことだと述べた。さらに、これと同じ意味で「コヒーレンス」という専門的な言葉をたびたび用いてきた。さまざまな選択を相互に適合的にすることによって、秩序のある一つの全体をつくるというのが、組織デザインにおけるコヒーレンスの含みである。もう少し詳しく言えば、コヒーレンスには二つの意味がある。

第一に、ガバナンスから現場の労務管理にいたる幅広い選択にかんして選択を微調整したところで、業績を向上させることはできない。これは、「局所最適性」と呼ばれる。したがって、現状よりもすぐれた物事を探索するカイゼンの試みにせよ、業界のすぐれた物事の仕方を模倣するベンチマーキングの試みにせよ、それが漸進的な試みにすぎないかぎり業績の向上をもたらすものではないということになる。抜本的な変化のためには、大胆さが必要なのである。

第二に、このように企業の選択が広範囲にわたる場合、一部の選択をかえてみたところで業績を向上させることはできない。これは、「全体性」と呼ばれる。要するに、すべての選択を一斉に変えなければならないということである。

全体性の含みについては、たとえばトヨタ生産方式を導入した企業がトヨタと同様の高業績を実現できない理由を考えれば理解できるだろう。アンドンやカンバンなどの目にみえる要素を部分的に取り入れただけでは不十分であり、トヨタ生産方式は目にみえないさまざまな慣行やケイパビリティ（たとえば、カイゼンの文化や多能工の熟練など）の組み合わせによって支えられている。

局所最適性（「大胆に」）や全体性（「一斉に」）を勘案したとき、経営者はすぐれた組織デザインのために何を促進すべきなのだろうか。それは、「集権的なコーディネーション」と「集中的なコミュニケーション」である。**経営者にとって、組織間の壁を破壊するとともにその後は組織間の交流を促進することが重要なのである。経営者は、変化が必要なときに大胆な策を講じて環境に適合した変化を先導できるポジションにある。**

日産自動車の経営再建のために、ルノーからやってきたカルロス・ゴーンは二〇〇〇年から日産リバイバルプランを実行にうつした。彼は、抜本的な変化のために多くの努力、痛み、そして犠牲がどうしても必要だということを日本語で語りかけ、変化のシンボルとなった。さらにゴーンは、クロス・ファンクショナル・チームの編成によって部門間の壁を破壊し、技術や製品開発力を顧客志向と適合させたのである。

かつては成功していた組織も、環境変化にともないやがて陳腐化してしまう。だが**いったん生成したコヒーレンスは、環境に適合した変化を妨げる要因になりかねない。**というのも**コヒーレンスは、抜本的かつ全体的な変化が必要だということを意味している**からである。さらに、古い組織に固執して変化を拒む抵抗勢力も現れる。だが経営者は、たとえ困難だとしても「変化」という課題に取り組まなければならない（第7章）。そのとき、「大胆かつ一斉に」というコヒーレンスの含みが意味をもつことになるだろう。

トレードオフに取り組む

さまざまな企業制度をコヒーレントに配置するという組織デザインにおいて、局所最適性や全体性はもとより、選択間の「トレードオフ」や「環境変化」にたいしても注意を払う必要がある。トレードオフとは、ある選択を追求すると他の選択を犠牲にしなければならない状況のことである。では、三つのトレードオフについて説明したい。

第一に、組織を構成する要素間の結びつきが強いか、あるいは弱いか、というトレードオフである。結びつきが強いタイプである「タイト・カップリング」は、ある選択を変えた場合にそれにあわせて他の選択も変えなければならない。逆に結びつきが弱いタイプである「ルース・カップリング」は、ある選択を変えたからといって他の選択を変える必要はない。たとえばＰＣをみればわかるように、特定のメーカーの仕様にしばられることなくＵＳＢでさまざまなメーカーのプリンタやプロジェクタを自由に組み合わせられるようになった。

だが問題は、タイト・カップリングのほうである。この場合、強く結びついたさまざまな要素のあいだで相互に調整していくことが必要になる。たとえば19世紀末のアメリカで、グスタヴァス・スウィフトは処理した精肉を効率的に輸送するためのネットワークをつくったとき、さまざまな要素をすりあわせながら変える必要があった。このようにコーディネートされた変化は「システム的変化」と呼ばれ、コヒーレンスがもつ全体性の意味とも関連している。

そもそも、生きたままの畜牛を家畜車で運ぶことが当時の業界の一般的な慣行となっていた。しかし、輸送中に多くの畜牛が死んでしまい、しかも一頭の大部分は食用に適していないために廃棄されていた。この点に目をつけたスウィフトは、処理した精肉を輸送すべく冷蔵貨車をつくるとともに、新しいシステムに向けて従来の肉の流通の仕方に慣れていた卸売業者や鉄道会社などの行動を相互にコーディネートせねばならなかった（Chandler 1962, 1977）。

第二に、他の人たちの利益を考えて共通目的のために行動するという協力か、あるいは個人の目標や責任を追求するというイニシアチブか、というトレードオフである。通常、人は組織のなかで他の人たちと一緒に仕事をしていて、それぞれの業績は相互に影響を及ぼしあう。

このような外部性があるとき、ある人の業績を他の人たちの業績から切り離して客観的かつ正確に評価することは難しい。さらに、上司にとって部下の行動を完全に監視することは不可能であり、部下にとって他の人たちの努力にたいするフリー・ライディングが有利になりうる。

たとえば、数十メートルに及ぶ生産ラインに数十人の労働者がならんで、製品の組み立て、検査、そして包装、などを行う大量生産システムとして「ライン生産方式」がある。そこではベルトコンベアが利用されており、さまざまな人たちが細かく分割された作業を行ってそれぞれの作業のタイミングをあわせる必要がある。つまり組織として、分業とコーディネーションが必要とされる。

しかしこれとは対照的に、製品の組み立てから包装にいたるすべての工程を一人で行うという「一人屋台生産方式」もある。そこでは、人と人のあいだで作業のタイミングをあわせるといった協力が省略される。さらに、工程を改善するための個人のイニシアチブが品質や生産性の向上につながるとともに、一人で製品を完成させる点で動機づけにも正の影響を及ぼしうる。たとえば、鳥取三洋電機は一人屋台生産方式を導入した。その取り組みによって導入四日目には、携帯電話一台あたりの組み立て時間が大量生産システムよりも七秒短縮できたという（山田 2002）。

ところで、個人のイニシアチブを促進するという名目で成果主義を導入してきた日本企業も多い。しかしその実質的な目的は、人件費の抑制にあったと言える。個人の業績を数字ではかる定量評価は個人による近視眼や秘密主義を促進し、組織内でのケイパビリティの共有や移転といった協力の要素を犠牲にした。

その結果、組織のつながりは破壊されてしまい、「三年で三割の新卒が退職する」と言われるような傾向が促進されたのではないだろうか。しかも、成果主義とともに進められた組織の分権化によってミドル・マネジメントの数が減るとともに、彼らが成果に追われて部下の教育を怠った結果、部下は必要なケイパビリティをえられないままその組織で働く楽しさや魅力を感じられなくなり、短期間で退職するようになったのではないだろうか。成果主義にまつわる話は、イニシアチブと協力のトレードオフをうまく物語っている。

そして第三に、既存の事業機会を掘り下げていくという発掘か、あるいは新しい事業機会を探りあてるかという探査か、というトレードオフである。要するに企業は、既存事業において業績を向上させると同時に新奇的な製品や事業にかんするイノベーションを実現するというある種の「マルチタスク問題」を抱えている。

つまり、**異なるタスクを同時に追求する企業は、それぞれのタスクにたいして適切な仕方でインセンティブを与えなければ、従業員は一方のタスクを強調して他方を無視するようになる。**たとえば、新しいアイデアの創造や提案といった探査の価値が高く評価されるのであれば、原価管理や製品改良といった発掘のタスクについて誰も懸命に努力しなくなってしまう。

企業が異なるタスクの同時追求の場面で生じるマルチタスク問題を解決するうえで、文化は重要な意味をもつ。第4章でも述べたが、従業員は企業と一体化してその規範や価値に従い、さまざまなタスクに努力することが求められるのである。

たとえばノキアは、文化（「ノキア・ウェイ」）をつうじて発掘と探査を同時に追求することができた。その文化は、顧客満足、個人の尊重、達成、そして持続的な学習、を高く評価する価値であり、個々の意思決定を相互に整合化するうえで重要な役割をはたしてきたのである。

この企業は破綻寸前のコングロマリットだったが、事業撤退を進めていった結果としてテレコミュニケーションに集中することになった。そして、顧客志向のアプローチにもとづいて携帯電話や関連サービスを開発し、新技術を市場機会に結びつけるという目的でＮＶＯ（Nokia Ventures Organization）を設立した。

ノキアの人々は、企業にアイデンティティを求めて自分の企業を救いたいと望んでいた。また、「声はワイヤレスで伝わる（Voice will go wireless）」というビジョンは、彼らが進むべき道筋や行動の軸を与えた。そして、グローバル企業に成長したという事実そのものは、彼らと企業との一体化を促進した。

経営者は、ノキアが経営危機に直面したときも人員の解雇を極力回避する努力を続けてきた。組織のなかでは、オープンな議論やコミュニケーションが促進されて、上司と部下のあいだには信頼関係が醸成された。このようにノキアは、文化に働きかけた適切な組織デザインを実現して、探査と発掘の同時追求というマルチタスク問題を解決することができたのである（ノキアのケースについては、Doornik and Roberts［2001］とRoberts［2004］を参照）。

企業は特定の事業における発掘に焦点をしぼりこんでしまうと、環境変化によってその事業がダメージをうけたときに存続の危機に直面するかもしれない。そうしたリスクを軽減する意味でも、探査をつうじてさまざまな新しいアイデアや事業を模索し続けなければならない。

そして経営者は、近視眼的な意思決定にもとづく事業の選択と集中的な資源配分を回避するのはもとより、さまざまな知識の移転と利用を実現するための組織をデザインしなければならない（谷口 2006b）。また、環境変化に直面しても卓越したバランス感覚でリーダーシップを発揮し、組織をつくりなおしてでも困難なトレードオフの問題に取り組まなければならない。

ビジョンを軸とした全体的な組織デザイン

ビジョンから戦略へ

企業の将来的な理想像であるビジョンは、起業家や経営者によって提示される。企業が実行するアクティビティと実行しないアクティビティの線引きを左右するという点で、ビジョンは企業境界を左右する。さらに組織においては、ビジョンにもとづいて多くの人々が相互作用をすることによってさまざまな企業制度が発展する。

この点で言えば、ビジョンは企業の境界と組織アーキテクチャ（コヒーレントな企業制度の全体的な配置）を決定するという点で企業の基盤となる。つまり、組織デザインの軸となる。

だがビジョンは、進むべき方向をおおまかに示したものにすぎず、企業がいかにして競争し、成長を遂げていくかという具体的な方法や意思決定とは違う。

企業は、他社とは異なった製品やサービス、そして物事の仕方を開発して競争を有利に進めていかなければならない。そのためには、「自社の目的は何か」「どのような顧客にどの程度の価格でどのような事業や製品を提供するのか」「いかにして他社との差別化を図るのか」、そして「競争優位をもたらす要因は何か」、といった問いにたいして明確な意思決定を行う必要がある。

これらは、戦略にかかわる問題である。そうした問題に明確な答えを与えるうえで、ビジョンがはたす役割は大きい。企業経営を登山になぞらえるとすれば、**ビジョンは登るべき山であり、戦略はその山に登るための具体的な方法や意思決定のことである。**

しかし、経営者の限定合理性や環境の複雑性などを勘案すれば、経営者の思い通りに計画が進むというのは非現実的なことであって、少なからず意図せざる結果をともなうことになる。たとえば、最短距離で山に登る計画を事前にたててみたところで、登山の途中に何らかの障害があればそれをよけるために迂回しなければならない。また天候次第では、登山そのものを中止しなければならないだろう。

戦略は、経営者を中心としたステイクホルダー間、そして彼らと環境のあいだの相互作用をつうじて創発する企業制度とみなされる。そうした相互作用は、雇用や販売などといった領域にまであまねく広がっている。たとえば雇用の領域では、企業（あるいは、その運営をつかさどる経営者）と従業員の相互作用をつうじて、雇用や労務管理の制度が生成する。つまり、「どのようなタスクをどのような条件で担うか」「報酬を決定するうえで個人、チーム、部門、ないし全社の業績をどのように扱うか」、そして「企業内教育をどのように行うか」、などにかんする一連の制度である。

このように雇用という特定の領域ですら、考えようと思えば無限に近いほどの問題があることに気がつくだろう。しかも組織デザインは、特定の領域と他の領域との関係にも配慮しなければならない。組織デザインの問題は、想像以上に広い範囲に及ぶうえに複雑なのである。経営者は、それらを特定していないし特定すること自体そもそも不可能なのである。したがって、組織デザインの問題はある程度の範囲に限定された単純なものへと集約される必要がある。要は、**何らかの仕方で組織デザインを単純化しなければならない。**

ＭＢＯモデルから企業をみる

組織デザインを単純化するうえでも、ビジョンがはたす役割は大きいと思われる。**経営者は、経営の理念や哲学といったビジョンを明確化するとともに、それにもとづいて企業境界の決定と組織アーキテクチャのデザインを実行する。**つまり、自分でしないことを決定し、他者にまかせる仕組をつくって物事を単純化するのである。

そして、組織デザインのトレードオフや環境変化を認識して、企業家精神の発揚をつうじてブランドの発展に寄与する。ブランドは、単なる企業の名前というよりは、むしろ企業の全体的な価値を要約したシンボルなのである。顧客はそのシンボルをつうじてその企業の製品やサービスを判断し、企業間の差異性を認識できるようになる。しかもそうした判断は、さらに企業のブランドへとフィードバックされる。ブランドがあるおかげで、われわれは企業が行っているさまざまな活動を知ることなく、企業そのものの質を判断できる（谷口 2006b）。

経営者は、企業家精神を発揚して戦略を策定しその実行のための組織をつくる。このようにして創造された組織は、特定の環境のなかで適切な仕方で適切な製品やサービスを提供して社会からの支持をえられれば企業としてのアイデンティティと競争優位を確立し、他社よりも大きな収益（レント）を獲得できるだろう。このことを簡潔に示しているのが、「ＭＢＯモデル」である（図６・２）。

あくまでもここで言うＭＢＯとは、経営者の行動や判断（Managerial action）、企業境界（Boundary）、そして組織アーキテクチャ（Organizational architecture）の頭文字からなるア

図6.2　MBOモデル

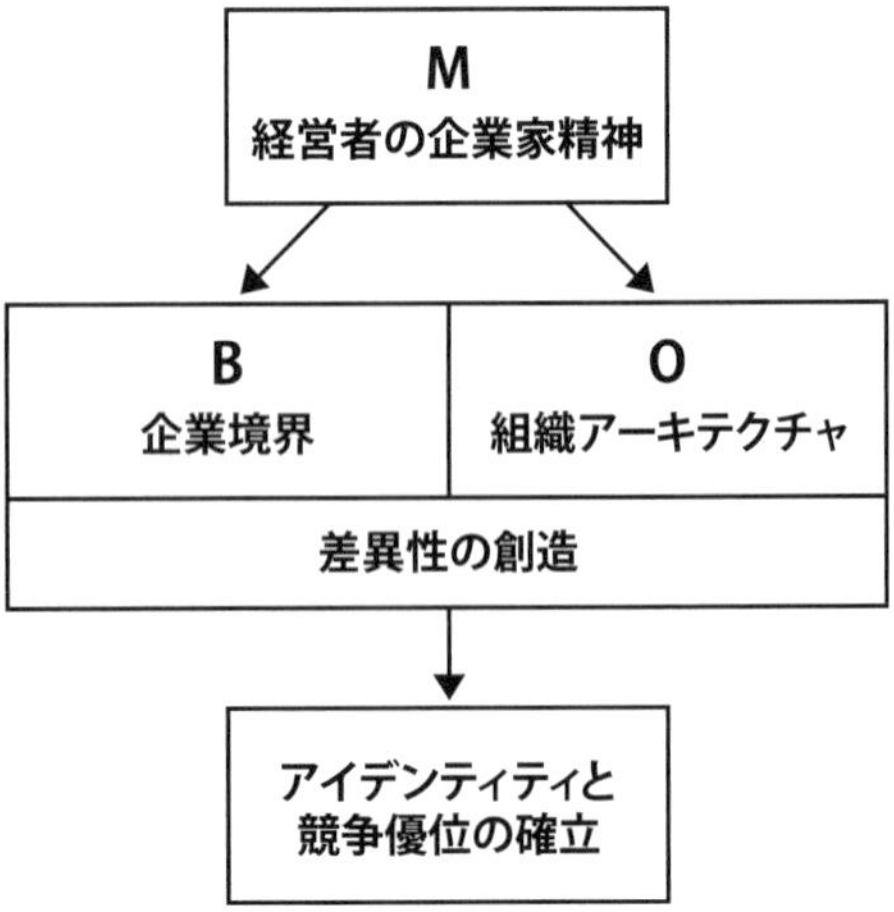

クロニムのことであり、経営者が企業を買収するというMBO（マネジメント・バイアウト）のことではない。

これまで述べてきた企業制度は、第3章の組織形態と第4章の組織文化である。とくに後者はインフォーマルなプロセスをともなうために、経営者がどれだけ組織の人々の心のなかに入りこめるかというリーダーシップの質に左右されるところが大きい。

そして、企業が自社のアイデンティティや競争優位を確立するためにはそれら以外にもさまざまな企業制度が必要になり、しかもそれらをコヒーレントに組み合わせなければならないのである。

では次に、YKKの組織デザインに焦点をあてて考えてみよう（以下については、YKKグループのHP［http://www.ykk.co.jp/japanese/index.html］、YKKの有価証券報告書［http://www.ykk.co.jp/japanese/corporate/financial/securities/pdf/yuka72.pdf］、そして吉田［2003］、に依拠している）。

CASE 12 YKK

ＹＫＫは、ファスナーなどのファスニング商品を扱うファスニング事業、そして自社向けの専用機械や金型の開発や製造を行う工機事業を担っている。さらにグループ経営の観点からすると、この企業はグループ本社機能も担っている。ＹＫＫグループは、ＹＫＫのファスニング事業とＹＫＫ ＡＰの建材事業を中核事業として、世界約七〇カ国に三万九四九六人もの従業員を抱えている。ＹＫＫ単体の従業員数は、三三〇二人である（二〇〇七年三月末現在）。

ＹＫＫが生産しているファスナーは約二〇万種類にも及んでおり、約一万回の上げ下げに耐えうる高品質かつ安価な製品なのである。ＹＫＫの技術の際立ちは、月面着陸の際にアポロ11号の宇宙飛行士が着ていた宇宙服、明石海峡大橋の排水溝、そして青函トンネルの漏水用トイ、などにそのファスナーが利用されていることを挙げれば明らかだろう。ＹＫＫは日本のマーケット・シェアの九〇％近くを占めており、世界でもトップ・シェアをほこるメーカーである。

この企業を創設した起業家は、「ファスナー王」として知られる吉田忠雄という人物である。忠雄は、富山の魚津から上京して一九三四年一月に東京の東日本橋蛎殻町にサンエス商会を創業し、わずか三人でファスナーの加工と販売に着手した。一九四五年八月に魚津鉄工所を買収し、吉田工業という新しい社名の下で株式会社への組織変更を実施した。一九四六年一月には商標をYKK®として、地球をファスナーが一周しているロゴをつくった。そして会社設立六〇周年を記念して、一九九四年八月にＹＫＫに社名を変更したのである。

戦後まもない一九四七年に、あるアメリカ人のバイヤーが安価で高品質のファスナーを携えて忠雄の前に現れた。忠雄は、アメリカ製ファスナーを手にしたときその出来栄えに圧倒されて、日本のファスナー業界の未来にたいして危機感すら抱いた。そこで彼は、ムシ（ギザギザがかみあう部分）のうちぬきと植えつけを行うためにアメリカ製のチェーンマシンを輸入することを決定した。

しかし、当時は外貨割当てが厳しい時代で官僚を説得する必要があった。そして、一九五〇年にアメリカの大手ファスナー・メーカーのタロンからチェーンマシンを輸入した。その後、国内の精密機械メーカーにチェーンマシンを発注するようになり、機械にもとづくファスナーの大量生産体制を確立していった。

そして、荻野幸作黒部市長の誘致に向けた積極的な説得工作もあって、忠雄は黒部市に工場を建設することを決定した。黒部市にある工場敷地内には、伸銅、撚糸、染色、そしてアルミ合金製造、などの実に多様な工場が建設され、材料から製品にいたるまで一貫生産体制の確立に向けた努力が続けられた。また、テープの材料である糸を生産するために新しい工場もつくられた。さらに内製化の努力は続けられて、チェーンマシンや機械、機械をつくる機械、機械をつくる機械、機械も自社内で生産できるようになった。

忠雄は、高品質の製品をつくるにはすべてを自社で内製すべきであり、安価な製品をつくるには機械化された大規模な工場が必要だという信念を抱いていた。さらに、彼がかつて材料の欠陥に悩まされたという経験も、大量生産と一貫生産にこだわった理由として挙げられるだろう。いずれにせよ、世界中でつかわれるチェーンマシンなどの一連の機械はすべて自社工場で内製され、それによって世界のどこでも同じ機械を用いて同じ品質のファスナーをつくることができるようになったのである。

YKKの発展を支えたビジョンに影響を与えた言葉がある。それは、アンドリュー・カーネギーの伝記にある「他人の利益をはからずして、自らの繁栄はありえない（No man can become rich without himself enriching others.）」という言葉である。忠雄が少年時代に出会い、企業のあるべき姿としてまとめた「善の巡環」という理念の源泉となった。

善の巡環とは、社会に利益をもたらすことで自らも繁栄するという考え方である。高品質の製品をできるだけ安価につくる努力を重ねて利益を生み出し、それを顧客、取引先、そして株主・従業員のあいだで分配することを意味する。

忠雄は、人間は説明すればわかるという性善説にもとづき、会社の理念や物事の仕方をよく理解した従業員を育てて、自分と同じ視点で判断を下せる経営者にしたいと考えていた。実際のところ、海外の現地法人や販売会社などの経営者として多くの従業員を独立させた。

そこでYKKの人々には、「中小企業精神」が求められた。つまり、中小企業の経営者のように自分ですべての物事に取り組むという姿勢である。実際に忠雄は、会社の全体的な領域に目を配り問題を把握していた。しかも必要があれば、お茶くみやコピーといった仕事も自分で行うことで率先垂範していた。

そして彼は、「共有」という言葉を強調していた。自分の努力を基本として仲間の努力が増えていくのにつれてますます大きな目標に挑戦できるようになり、その喜びをみんなで共有する。現地法人の責任者は一年に一回日本に集まって予算会議を行うが、予算案が決まれば自分の知識と判断にもとづいて行動できる。もしそうしたエンパワーメントの結果として現場の判断が失敗することがあっても、それを全社的に失敗例として共有する。

このようにYKKでは、共有の文化が醸成されてきた。その証拠に、かつてこの企業が小規模だった頃、役員会に取締役以外のすべての従業員が参加していた時代もあった。さらに言えば、その文化は「努力」という言葉によっても特徴づけられる。忠雄は、「あと紙一枚の努力を加えよ」という表現を用いて、努力の限界に到達したときですらほんの少しだけ努力をつけ加えることが、後で大きな違いにつながっていくことを強調した。あと紙一枚の努力は、企業の評判を高めてブランドに正の影響をもたらすのだ、と。

忠雄の組織観は、善の巡環という土台を強固にして組織の人々が善意の下に最大の努力をすれば最も効率的な組織になるというものだった。YKKでは、一人のカリスマ的リーダーの下に同じ文化を理解した人々が横並びになるというフラット型組織が生成したのである。

しかし、残念なことに一九九三年七月三日に忠雄はこの世を去った。その直後、長男である忠裕がYKKの社長に就任することとなった。彼は、忠雄のビジョンの骨格を残しつつも新しい言葉の方針を打ち出す努力を続けてきた。つまり、忠雄の時代の経営理念を「吉田忠雄精神」という言葉に置き換えたうえで、その下に新しい時代に向けた忠裕の考え方を位置づけたのである。

これこそ、「更なるCORPORATE VALUEを求めて」という理念にほかならない。一人のカリスマ的リーダーシップというよりは、むしろ組織の人々が自分の意志で成長するための内発的動機づけの言葉である。それによって、YKKという企業のブランド価値をより高めるという使命を明確にした。この理念は、顧客、社会、社員、経営、技術、商品、そして公正によって支えられている（http://www.ykk.co.jp/japanese/corporate/m_principle.html)。

YKKは、グローバル企業として世界中に進出している。その過程で地域文化とのあつれきが生じるようになり、性善説にもとづいて善の巡環を理解してもらうことが困難になってきた。そこで忠裕は、異質な価値をもつ人たちとの取引のなかで公正を重視して、さまざまな判断に説得力をもたせることを考えたのである。

では次に、YKKのガバナンスについてみてみよう。この企業は、株式を上場しておらず今後もその予定はないそうである。忠雄の理想は、従業員が経営にかかわり株主にもなることであった。そこで、一九九二年にYKK恒友会をつくって報酬の一部を自社株式の購入にあててきた。この従業員持株会は発行済株式のうち一四・六一％を所有しているが、それを含めて株式の大部分は経営者を含めてＹＫＫ関係者が所有している。

しかし、株式非上場という選択は都合の悪い情報を隠蔽しやすく、経営者にたいする規律づけや知識移転を実現するというガバナンスの観点からみてかならずしも望ましいものではない。そこで忠裕は、社外にたいする情報開示に力を入れるのみならず、社内にたいしても恒友会集会を設けて全国を渡り歩き、従業員への説明責任をはたしてきた。

また、この企業では、取締役会、監査役会、そして会計監査人、といった会社法の法定機関を設置するとともに、一九九九年から執行役員制度を導入した。二〇〇一年には、社外の専門家から経営上のアドバイスや知識をえるためにアドバイザリーボードを設置し、近年強まりつつあるコンプライアンスにたいする社会的な要請にこたえるために、二〇〇六年にＹＫＫグループ内部通報制度とコンプライアンス担当取締役を設置した。

さらに忠裕は、日本ＩＢＭの助力をえてＹＯＵＲＳというシステムを構築して問題の解決を図った。これは、一九八八年にロジスティクスの面で製品の数量や所在にかんする情報を把握できなかったために納期の遅れや欠品の問題が露呈し、次第に自社商品を扱う販売店が離れていったからだった。

そもそもＹＫＫが建材事業に着手したのは、忠雄の長兄だった久政の尽力によるところが大きかった。彼は、富山県が建具の産地だったことと自社内でアルミ合金を生産していたことに目をつけ、アルミ建材事業の可能性を模索した。そこで忠雄は、自社技術でまかなうことができる住宅用のアルミ部材を工務店や建具屋などに供給するという選択を行った。しかし、顧客からはビル用建材もほしいという要望が強く寄せられるようになった。

だが忠雄の方針は、高品質の製品を安価に供給するために大量生産があくまでも必要なのであって、それにそぐわないオーダーメイドのビル用建材は自社のドメインからはずすというものだった。この点で、ビル用建材への進出を主張していた忠裕とは真っ向から意見が対立した。

そればかりか、同じ部材を月一回の計画発注をうけてから大量生産し、低価格化をはかるという忠雄のプロダクトアウトのアプローチでは、製品の幅が狭いだけでなく納期が遅いという問題があった。そこで忠裕は、製品の幅の広さと納期の早さを両立できるようなマーケットインのアプローチを主張したのである。

さらに建材事業では、部材の納入先である販売店とYKKのあいだのコミュニケーションを促進し、販路を拡大する役割を担っていた販社（産業会社）が増えすぎて収拾がつかないという問題もあった。販社は日本全国にネットワークをはりめぐらせていたが、それを統括できるようなシステムがなかったため、YKKは製品情報を把握できなかった。

そうした事態から脱却すべく前述したYOURSの構築や販社の統合が模索され、さらに忠裕は、一九九〇年のYKK APの設立という建材事業にかんする抜本的な変化を試みたのである。

この企業では、マーケットインのアプローチにもとづいた小ロット生産が志向されることになった。そして販社の統合が進められた結果として、一県一社の販社（Y販）とその支援と統括を担う支店からなる体制ができた。それによって、販社にもとづく分権化から販社統合と支店にもとづく集権化へと組織が変化したのである。

さらにマーケットインのアプローチは、一九九三年のR&Dセンターの建設にも象徴されている。YKK APは、富山ではなく東京の両国にこのセンターを設立することで、顧客志向の商品開発をおこなうようになった。

この企業は、アメリカのカプルス・プロダクツ・ディビジョンと提携し、ビル用建材のドメインに積極的に参入するだけでなく、超高層ビル関連市場への参入と技術向上という成果をえた。さらに二〇〇二年には、東陶機器や大建工業との提携にかんする合意を形成し、キッチンやトイレなどの特定の空間全体を変えるリモデル事業に参入することになった。

時間をつうじたさまざまなステイクホルダー間の相互作用によって、さまざまな企業制度が生み出される。経営者は、環境変化のなかでそれらを適切な仕方で組み合わせていかなければならない。そして、経営者のビジョン（M）、企業の境界（B）、そしてコヒーレントな企業制度の組み合わせとしての組織アーキテクチャ（O）に注目しながら、YKKのケースをまとめてみると表6・1のようになる。

忠裕は、YKKの組織デザインについて次のように述べている。「吉田忠雄の経営手法を単に真似るのではなく、新しい技術、新しい手法も時代の要請に合わせて取り入れながら、一方ではこの会社の生い立ちから続く思想をミッションとしてしっかりと受け継いでいく、これが

表6.1 YKKの組織デザイン

		忠雄体制	忠裕体制
M	ビジョン	・善の巡環	・更なる CORPORATE VALUE を求めて
B	ドメイン	・ファスニング事業 ・建材事業（住宅用建材） ・工機事業	・ファスニング事業 ・建材事業（住宅用建材とビル用建材）のスピンオフ（YKK APの設立） ・超高層ビルやリモデルへの参入 ・工機事業
	資源獲得の仕方	・機械の内製 ・魚津鉄工所の買収（統合）	・機械の内製 ・カプルス、東陶、大建工業との提携（協力）
O	戦略	・高品質と低価格 ・プロダクトアウト	・高品質と低価格 ・マーケットイン
	企業形態	・株式会社（非上場）	・株式会社（非上場）
	組織形態	・分権的組織（エンパワーメント）	・集権的組織（環境変化にたいする適応）
	ガバナンス・システム	・会社は家族（従業員や取引先）のもの	・会社は家族（従業員や取引先）のもの ・YKK恒友会（従業員持株会）の設置 ・情報開示の取り組み ・コンプライアンスの取り組み
	企業文化	・性善説にもとづく努力と共有の文化 ・カリスマ的リーダーの模倣（中小企業精神）	・公正にもとづく努力と共有の文化 ・内発的動機づけの強調（吉田忠雄精神）
	流通システム	・販社の拡大	・販社の統合

注：下線部は変化を表している。

カリスマ亡き後の組織を支えていく考え方だということなのです」(吉田 2003, p.131) と。

彼は、グローバル企業の礎を築いたカリスマ的リーダーが亡くなった後、その善の巡環というビジョンに現代的な風味を加えて環境適応を図った。そして、製品の幅の広さと納期の早さを両立できるようなマーケットインの顧客志向型アプローチを実現するために、リーダーシップを発揮した。組織の抜本的な変化は、単なる過去の否定からは生まれないということである(第7章)。

コヒーレントな企業制度の組み合わせをつくる組織デザイン

忠雄は、「道場の一刀流と、実戦の一刀流」という言葉を好んでいたという。これは、現場で生じた問題に焦点をあててそれがなぜ生じたのか、という理由を理解することの重要性を示したものである。つまり、理論と現実の相互作用という実学の精神が重要だということである。この点からみると、忠雄もチェスター・バーナードや松下幸之助と同様に「実学の人」とみなされる。

その後を受け継いだ忠裕も、また「実学の人」だった。それゆえ、ノースウェスタン大学ビジネス・スクールでマーケティングの理論やケース・メソッドを学んだ彼は、困難な状況であっても客観的に問題を分析して適切な答えを導くことができたのだろう。そうでなければ、偉大なカリスマが与えてくれた成功体験におぼれていたのではないだろうか。

そうした二代目の賢明な組織デザイナーは、組織デザインにおいて全体的なシステムや要素間の関係性を無視して個々の要素を無理矢理に組み合わせようとする要素還元主義的なアプローチの限界を的確に見抜いていた。このことは、以下の見解からも明らかだと思われる。

「時代に合わなくなっているルールを取り払ったり補修したりすることはいくらでもできます。ただ、そのような表面的なことを行うよりも、もっと根本的なところを総合的に整えることのほうが大切です。経営は全体が一つのバランスをとって成り立っていますから、ある部分が古くなったからといってそこだけ変えても問題は解決しません。……全体像を構築しないと、一部だけ新しくしても会社をおかしくしてしまうだけになる危険があるわけです」(吉田 2003, pp.142–143)。

無数の選択のあいだの適合とともに、それらと環境との適合も実現しなければならないという全体的な組織デザインは、経営者の創造性を要する困難な課題である。しかし、**複雑で難しい組織デザインであればあるほど模倣は困難になり、差異性を持続できる公算は高い。**

誰も真似できない組織を持続させるには、環境変化を機敏にとらえて変化を生み出すケイパビリティが必要になるだろう。経営者は、ビジョンに従う企業境界と組織アーキテクチャにかんする一連の選択を行わなければならない。しかし環境変化は、ある時点でコヒーレントだった企業制度の組み合わせを陳腐化させてしまう。

この場合、組織の変化を志向しなければならないが、つねにカリスマ的リーダーがそばにいるとはかぎらない。**企業は、カリスマ的リーダーシップに依存せずとも組織イノベーションを達成できるような適応力のある個人やチームを育成しなければならない。**この問題については、次の第7章で立ち返ることにしたい。

第7章 組織を変える
——組織イノベーション

第7章のハイライト

★**組織イノベーションとは、組織を変えることである。**つまり、さまざまな要素をコーディネートしながら変えていくシステム的変化である。イノベーションは、組織学習と深い関係をもつ。

★**組織学習は、組織がイノベーションの能力を高めることである。**そして、当然とみなされている物事の仕方（ルーティン）の変化をともなう。

★組織学習のタイプとして、シングル・ループ学習（組織が既存の目的や仕組を変えずに問題点を修正する学習）、ダブル・ループ学習（問題点を修正するのにとどまらず組織の既存の目的や仕組を変える学習）、そしてデュエトロ学習（学習の仕方の学習）がある。

★**組織をうまく動かすには、変化を導くリーダーシップだけでなく、複雑さを定型的に処理する経営も必要とされる。**

★組織学習を支えているのは、個人である。個人が冷静な思考力と敏速な行動力を身につけたとき、そしてそうした魅力的な個人で組織が埋め尽くされたとき、その組織は高い適応力をえるだろう。

★**個人と共進化する組織をつくる、あるいはそうした組織に向けた変化を導くことは、経営者の挑戦的な課題である。**

イノベーションに向けた組織学習

イノベーションとルーティン

21世紀は変化の時代である。会社をとりまく環境も劇的に変化した。日常生活のなかでも、「IT時代の到来」「グローバル化の影響」「BRICsの発展」、あるいは「M&Aの波」、などといった特徴的な言葉が登場する。経営者には、ICTや金融技術を駆使するとともに国内市場と海外市場の両方をみすえた経営が求められている。

それにあわせて、会社で働く人々には自分の価値を高めるという変化が求められている。つまり、環境変化を機敏にとらえて今までとは違う新しい能力が必要だということを認識し、自分への投資をつうじて成長しなければならない。

たとえば、情報リテラシーの重要性が叫ばれるようになり、中高年にたいしてもPCを活用したデータの作成や整理だけでなく、世界中のさまざまなソースから情報の収集と評価を行い新しい情報を発信していくことが求められている。

また、外資系ファンドによる敵対的TOBが日本でも頻繁に確認されている。その標的となった会社では、経営方針の大幅な変換によって積極的な海外進出が模索されて、これまで中国と無縁だった人が北京にいきなり転勤ということもありうる。このような場合、会社からは英語と中国語での情報発信が求められるだろう。

20世紀の国内市場での経験にもとづいて創造した戦略や組織を、そのまま21世紀の海外市場に移転すればうまくいくと考えるのは、幾分ナイーブな発想である。しかも、日本で売れた製品が海外で売れるとはかぎらないし、進出先が発展途上国だからといって国内製品よりも質を落とすというアプローチは傲慢である。

今までとは違う場所で新しい価値を創造するには、今までとは違う仕方で新しい物事に挑戦しなければならない。そうした挑戦は、「イノベーション」と呼ばれる。**イノベーションとは、さまざまな要素の結合の仕方を変えること（新結合）によって、新しい財・サービスや新しい組織などを創造することである。**そしてそれを実行するのが、企業家である（Schumpeter 1934）。だが、新しい何かをつくり出すのはそう簡単なことではない。

19世紀末、キング・ジレットは安全カミソリの基本的なアイデアを発明した。しかし、ウィリアム・ニッカーソンとの出会いがなければ、刃と安全支持器の寸法や調節の仕方などの問題を解決して安全カミソリを世におくり出せなかったはずである。

人と人のつながり、あるいは知識と知識のつながりは、時空を超えて重要な意味をもち続けるだろう。その証拠に、環境にやさしい自動車にせよ、あるいはファッショナブルな携帯音楽プレーヤーにせよ、さまざまな人々の知識が結合してできたイノベーションの成果なのである。

つまりイノベーションは、組織学習と深いかかわりをもつ。**組織学習は、組織がイノベーションを生み出す能力を高めることである。組織は、時間をつうじたケイパビリティの獲得と適応によって学習しイノベーションを実現する**（Dosi and Marengo 2007）。

とくに企業では、さまざまな人々が実際の仕事をつうじて経験を積んでさまざまな知識を身につけている。そうした実行による学習は、個人がばらばらに行うのではなく組織として目標実現に向けてコーディネートされなければならないものである。

組織学習は、組織の目標実現に向けて知識の創造や共有を実行していく不断のプロセスであり、あたり前とみなされている物事の仕方の変化をともなうものでもある。そうした物事の仕方は、「ルーティン」と呼ばれている。**組織は、過去の経験をルーティンに反映することで学習している**（Levitt and March 1988）。

リチャード・ネルソン（Richard Nelson）とシドニー・ウィンター（Sidney Winter）によれば、ルーティンとは企業の規則的で予測可能な行動パターンのことである（Nelson and Winter 1982）。そして彼らは、ルーティンを組織の遺伝子のようなものとしてとらえている。

とくにウィンターは、ルーティンには①くりかえされる、②特定の状況でしか価値をもたない資産への投資（特殊な人的資産や物的資産への投資）が必要である、③認識しやすい、といった三つの特徴があると述べている（Winter 1990）。

さまざまな組織にはさまざまなルーティンが存在している。マクドナルドに行けば、レジでクルー（マクドナルドで働くアルバイト）に迎えられて注文をたずねられる。そこで「ビッグマック」を注文すれば、その注文はＰＯＳレジをつうじて厨房のなかにあるディスプレイに表示され、別のクルーによってすばやく調理される。そうした流れは、「メイドフォーユー」と呼ばれるシステムによって可能になる。

さらに、ビッグマックのレシピ――ビーフパティを焼く、それをゴマつきパンズにのせる、レタス、ピクルス、たまねぎのみじん切り、およびチーズをのせる、そしてビッグマックソースをかける、などといった調理の仕方――もあらかじめ決められている。現場のクルーは、事前の教育と実践をつうじて物事の仕方を学習している。

一方、新しく入ってきたクルーについては、マニュアルを用いて作業の流れなどの物事の仕方を教育しなければならない。このように組織の人々が物事の仕方を共有することで、同じ味が同じ仕組で再現できるようになる。

あるクルーが辞めてしまい組織のなかで人が次々に入れ替わるとしても、決められた物事の仕方は組織において世代間で継承される。そして、継承されたルーティンからは、次なるイノベーションが生み出される必要がある。

ちなみに、ビッグマックという商品はジム・デリガッティという人物によって発明され、一九六七年にペンシルバニア州ではじめて販売された。このように新しい商品を発明するのが大切だとしても、単に発明に終始するのではなく、そのつくり方や作業の流れなどを決めてそれらを組織の人々に理解させる必要がある。

従来とは異なる物事の仕方をともなうとすれば、当然のことながら既存のルーティンを変え、既存の組織のあり方をみなおさなければならない。そして、イノベーションの本質は変化にほかならない。なお、組織イノベーションについてはのちほど詳しく説明したい。

組織はどのように学習するか

組織学習は、組織によるケイパビリティの獲得や適応、あるいはルーティンの変化を表しており、大きくわけて三つのタイプがある（Argyris and Schön 1996）。第一に、「シングル・ループ学習」である。組織が既存の目的や仕組をそのままにして、問題点を修正するような学習のタイプである。たとえば、ある製品の売上高が落ちこんでしまった場合、経営者は販売部門に原因の調査と報告をさせて新しいマーケティングの手法を導入し、売上高の増加を図ろうとすることがある。

あるいは、食品の産地偽装といった企業不祥事が生じた場合、経営者は当該製品の販売をしばらく中止して問題の所在を現場に求めて打開を図り、従来の物事の仕組を維持したままで問題解決を図ることがある。このようにシングル・ループ学習は、抜本的な変化を導くタイプの学習ではない。

これにたいして、第二の「ダブル・ループ学習」は、問題点を修正するのにとどまらず組織の既存の目的や仕組を変えてしまう学習のタイプである。産地偽装の例を続ければ、経営者は当該製品の販売の中止や現場での問題解決を指示することはもとより、問題が生じた原因を組織的に分析したうえで新しい方針や仕組を提示することもできる。したがって、経営者が自分の物事の考え方や組織全体の仕組に変化の矛先を向けられるかどうかが、シングル・ループ学習とダブル・ループ学習をわかつ点だと言える。

さらに第三の「デュエトロ学習」は、前述した二つのタイプよりも高次の学習であり、学習の仕方を学習することとみなされる。つまり組織は、シングル・ループ学習とダブル・ループ学習という両方の学習の仕方を学習しなければならない。

既存の製品や事業をさらに掘り下げるという発掘は、シングル・ループ学習を必要とするだろう。これにたいして、新しい製品や事業を開拓するという探査は、ダブル・ループ学習を必要とするだろう。この点で言えばデュエトロ学習は、発掘と探査のトレードオフの解決の仕方を学習することだと言えるのかもしれない（第6章）。

さらに、組織が発展させてきた物事の仕方や価値は、劇的な環境変化によって陳腐化してしまうことがよくある。そうした古い物事の仕方や価値に固執していると、やがてその組織は存続の危機という深刻な事態に陥りかねない。したがって、今までの学習の仕方を棄却するという「アンラーニング」も必要とされる。

しかし問題なのは、古い物事の仕方であってもある程度の業績を実現できてしまうということである。このとき組織では現状に甘んじて、より有効な新しい物事の仕方を探索しようという努力が行われず、新しい物事の仕方の採用がさまたげられてしまう。このような問題は、「有能さのわな」と呼ばれている（Levitt and March 1988）。

経営者は環境変化の性質を見極めたうえで、どのような学習のタイプが必要とされているの

か、これまでの学習の仕方を棄却する必要があるのか、そして既存の物事の仕方よりもさらにすぐれた物事の仕方があるかどうか、といった判断を行い、リーダーシップを発揮しなければならない。つまり、学習するだけでなくさまざまな学習を適宜につかいこなせる組織をつくることが望ましいのである。

知識創造を導くリーダーシップ

21世紀企業が変化に対処するとき、未知の将来にかんする判断をしなければならない。また、なじみのない国にはじめて進出する際、現地の人々や組織の限定合理性や機会主義に起因して取引がうまく行うことができないこともありうる。これらの問題は、いずれも不確実性に関連している。とくに前者は「構造的不確実性」に、そして後者は「パラメトリック不確実性」にそれぞれかかわっている（Langlois and Robertson 1995）。

企業は、変化と不確実性の状況でフレキシビリティを発揮して適応する能力をもつ（第4章とLanglois［2007a］を参照）。そうした適応は、組織にケイパビリティやルーティンの変化をもたらすことになるだろう。そのときに、組織のなかで新しい知識が創造され広く共有され、その成果がイノベーションとして新しい物事の仕方や事業へと結実することが重要なのである。

このような知識の創造と共有に着目したのが、「知識創造論」である（Nonaka and Takeuchi 1995）。知識創造論によれば、知識は正当化された真の信念であって二つのタイプにわけられる。第一に、人への伝達や明確な表現が困難な知識は「暗黙知」と呼ばれる。暗黙知は、経験をつうじて獲得される主観的な知識である。

たとえば、職人が修行をつうじて頭や体に覚えこませた知識が挙げられる。日本料理の板前が刺身を切るときの包丁の微妙な角度、あるいはさまざまな砥石を適宜につかいわけられる日本刀の研ぎ師がもつ研磨の技は、簡単に言語化してマニュアルに表現できるものではない。

そして第二に、言葉や図などで表現できる客観的な知識は「形式知」と呼ばれる。企業の財務情報や売上データはPCで簡単に処理できるし、多くの人々による共有も容易である。共有が困難な暗黙知を形式知に変換してこれを組織のなかで共有しようという経営手法は、「ナレッジ・マネジメント」と呼ばれる。知識創造論は、そうした新しい経営手法の発展や普及にも貢献した重要な理論である。

知識創造のプロセスは、単に暗黙知から形式知へという方向にとどまらず複雑な循環性をともなう。「SECIモデル」はそうした循環性に着目して、知識の相互変換をつうじた新しい知識の創造や共有を示したものである。SECIとは、知識創造の四つの形態それぞれの頭文字からなるアクロニムである。それでは、それぞれの形態についてみてみよう。一つめのSは、「共同化（Socialization）」である。これは、直接的な経験をつうじて暗黙知から暗黙知をえるという形態である。

二つめのEは、「表出化（Externalization）」である。簡単に表現できないものを対話や思索のときにたとえを用いて表現することで、暗黙知から形式知をえるという形態である。

三つめのCは、「連結化（Combination）」である。これは、情報を活用することであって形式知から形式知をえるものである。

そして四つめのIは、「内面化（Internalization）」である。頭で理解したことを実際の行動によって身につけて、形式知から暗黙知をえるという形態である。では、知識創造にかんする理解を深めるために、松下電器のホームベーカリーの開発について説明したい（以下については、［http://panasonic.co.jp/ism/bakery/］に依拠している）。

CASE⑬ 松下電器（Ⅱ）

松下電器では、一九八四年に炊飯器事業部、回転器事業部、そして電熱器事業部が統合して電化調理事業部ができた。それぞれがもつマイコン技術、モーター技術、そして温度制御技術を結合した新しい製品の可能性が模索された。そして田中郁子は、ホームベーカリー開発のプロジェクトチームの中心的な人物として活躍した。

どのようなパンの味を目標にするかを明確にするために検討を重ねた結果、大阪国際ホテルの食パンをモデルにすることを決定した。同志社女子大学家政学部の出身だった田中は、以前から知り合いだったそのホテルのチーフシェフ木村昭のもとを訪れ、彼のパン職人としての技術をホームベーカリーに結晶化すべく努力することとなった。

ソフト担当の彼女はチーフシェフによるパンづくりを観察する、そして実際に自分でパンをつくる、など直接的な観察や実践をつうじてパンをつくるプロセスを明らかにしていき、それをハード担当の技師に伝えた。一方で技師は、彼女の要求にこたえる形で試作機をつくった。その試作機によってつくったパンの問題点を解決するために、彼女が現場に行く。そして、新しい成果や課題を技師に伝えてさらに新しい試作機がつくられる、といったフィードバックのプロセスが何度もくりかえされた。

そこで問題なのは、田中を仲介せずに技師がチーフシェフを直接たずねることもできたはずなのに、なぜそうしなかったのかという点である。というのも、ホームベーカリー開発はあくまでも新しい電化調理事業部の社外秘プロジェクトだったからである。実際に田中は、個人的な趣味を装いながら木村のところへ通っていた。

しかも田中の苦労は、並大抵のものではなかった。このことは、次の彼女の発言からも推測できる。「試作機は一台ではないから、一番多い日で五〇個は食べましたね。体調が万全でないと正確な判断ができませんから、胃薬片手に試食し、チェックし、フィードバックの繰り返し。……もう考えてはダメ（笑）、とにかくやるしかなかった」(http://panasonic.co.jp/ism/bakery/vol02/index.html)。

その結果、一九八七年にホームベーカリーが発売されることとなり、「炊飯器以来の発明です。」という印象的なポスターが人々の注目を集めた。そして、木村の名は商品開発のアドバイザーとしてクレジットされた。

このホームベーカリーの開発には、技師とパン職人をつないだ田中のリーダーシップが不可欠だった。彼女がパンづくりにコミットすることで知識創造のプロセスを主導しなければ、ホームベーカリーは誕生していなかったはずである。彼女が開発期間中に食べた五〇〇〇個ものパンは、彼女がパンづくりのために組織と一体化した証だと言ってよいだろう。

実体験をつうじて専門家から秘訣を学ぶ。それを他の人たちに伝達し、解決すべき問題の発見へとつなげていく。問題解決の成果を製品に組み込む、あるいは組織で共有できるようにマニュアルに記す。そして、経験から学習して自分の知識を豊かにする。こうした一連の流れを主導できるリーダーの育成は、組織がイノベーションを生み出していくうえで重要な課題だとみなされる。

組織イノベーションという変化

組織をこわして組織をつくる：創造的破壊

組織イノベーションとは、組織を変えることである。つまり、古い組織を破壊して新しい組織を創造するという「創造的破壊」である。そのとき、組織にとって新しいアイデアや行動を生み出してそれらを採用することが重要な意味をもつ（Daft 1978）。組織イノベーションの解釈は人によってさまざまだが、組織の変化を意味するという点では共通しているように思われる。

経営史の分野では、アルフレッド・チャンドラーが制度の歴史的研究をつうじて組織イノベーションを考察してきた。彼がケースとしてとりあげていたGMは、ウィリアム・デュラントによって設立された。この人物は、もともと保険の販売に携わっていたこともあって販売部門の育成に力を入れてきた。だがその反面、本社は手薄で会社を全体的な視点からコーディネートする努力を怠ってきたようである。

しかし、一九二〇年に社長に就任したピエール・デュポンは、部品やアクセサリを扱う責任者だったアルフレッド・スローンとともに組織イノベーションに取り組んだ。そして、全社的な視点から企業の戦略を策定できる体制づくりをめざした。その柱の一つが経営委員会の設置だった。この委員会は、現場の日常的な活動に責任をもたないマネジャーによって構成され、長期的な戦略の策定に特化していた。

組織を変える必要性は、環境変化による組織が陳腐化した、業績が低下した、あるいは進化したルーティンが社会の正当性をえられない、などといったさまざまな原因から生じるだろう。とりわけ最近の日本企業の不祥事（たとえば、不二家、船場吉兆、赤福、そしてジェイアール東海パッセンジャーズ、など）は、ルーティンの不適切さという最後の原因にかかわっていよう。

しかし第1章でもみたように、今まで慣れ親しんできた物事の仕方を変えることは難しい。それがあたり前だと思っている人たちは、そうでない人たちと比べて変化の必要性に気がつきにくいものである。しかも、変化の必要性に気づいたとしても実際に変化に向けて行動しなければならないのである。問題の発見もさることながら、その解決に向けて行動することも簡単ではない。

たしかに企業不祥事を防ぐ仕組をつくることも大切だが、この選択肢をもっているのは経営者にかぎられてしまう。だが、そうした選択肢をもたない一般の人々は、**変化の必要性を認識したのであれば変化に向けて行動することからはじめればよい。**しかしそうした行動は、勇気を必要とするばかりか、組織における自分の立場を危うくすることもありうるため、このような場面に直面したとき、組織を動かすべく行動をおこせるかどうかが重要な意味をもつと言える。

リーダーシップ、企業家精神、経営の三者統一

リーダーシップのカギは、強い道徳、明確なビジョン、そして広い視野を身につけたうえで、主体的な思考と行動を続けていけるかどうかにある。それによって、さらに変革力、組織文化のデザイン、そして共感力を身につけられれば、誰もが組織を動かせるリーダーになりうるのではないだろうか（第2章）。

リーダーシップとよく似た概念として「企業家精神」が挙げられる。この点について、企業家精神の代表的な研究者の一人であるウィリアム・ボーモル（William Baumol）は、企業家とは新しいアイデアを考え出して実行にうつすばかりか、リーダーシップを発揮している主体

にほかならないと述べている。

企業家は、組織の人々を鼓舞しながら導いていくとともに、物事を型にはめることをせずに新しい物事の仕方を追求する（Baumol 1968）。企業家精神は、シュンペーターにもとづいてイノベーションの実行と定義されることが多いようである。この考えに依拠すれば、企業家精神とは、誰も気づいていない機会をとらえて不確実性や創造性にかかわる革新的な行動をおこすことだとみなされる（Nelson 1986）。

一方、リーダーシップの代表的な研究者の一人であるジョン・コッター（John Kotter）は、リーダーシップが組織の人々や文化に働きかけて機能するソフトで熱いものであって、変化を導く原動力だと論じている。リーダーは、組織における複雑でインフォーマルな人間関係をうまく扱いながら組織を動かして、リーダーシップを重んじる企業文化を創造しなければならない（Kotter 1999）。

第2章で述べたように変化を成し遂げる力量としてのリーダーシップは、企業文化と関連づけられて議論されることが多い。それは、認知的な特徴をもち、組織の人々の予想に影響を及ぼすことによって彼らの行動をコーディネートするというコーディネーション問題の解決能力とみなされる（Foss 2001）。

つまり、リーダーシップと企業家精神はどちらも変化と深い関係をもつと言え、両者は本質的に同じものだとみなしてよいだろう。だがあえて言えば、リーダーシップは、組織文化の創造と破壊にかかわる機能なのにたいして、企業家精神は、ルーティンの変化やイノベーションの実行にかかわる機能だと思われる。あるいはリーダーシップは、経営学が組織文化の文脈で扱ってきた問題なのにたいして、企業家精神は、経済学が経済変化の文脈で扱ってきた問題だと言える。

しかしここで重要なのは、経営はリーダーシップや企業家精神とは明確に区別されるということである。コッターは、経営が複雑な環境に対処することであって、変化を推進するリーダーシップとは異なるものだと述べている。つまり**経営は、計画の策定、組織化、そしてコントロールによって特徴づけられるのにたいして、リーダーシップは、変化のビジョンと戦略、人心の統合、そして動機づけと啓発によって特徴づけられ、組織を適宜に動かすには、経営とリーダーシップの両方が必要とされる**（Kotter 1999）。

組織イノベーションという変化をうまく実現するためにも、経営とリーダーシップ（ないし企業家精神）の両方が必要になる。しかも組織イノベーションは、古いルーティンの破壊と新しいルーティンの創造の両方を意味する。

ただし、変化は過去を否定して古いルーティンを完全に破壊し、物事を白紙状態に戻すことではない。むしろ、変化の足がかりとなるルーティンを見極めてそれを活用するとともに組織全体をまとめるという視点にたって、新しいルーティンを創造していくことが大切だと思われる。

つまり、**破壊なき創造はしがらみをひきずった中途半端な変化を意味する一方、創造なき破壊はまとまりのない無秩序に向けた変化を意味するにすぎない。創造と破壊のどちらか一方を**

欠いた部分的な変化は、結果的に組織を機能停止においこんでしまうだろう。

組織を変えるには、組織をなりたたせている制度の組み合わせに注目するという「ホーリスティック（全体的）なアプローチ」が必要なのである。組織をつくるという組織デザインと同じように、組織を変えるという組織イノベーションも、実は相互に適合した企業制度の全体的な組み合わせをつくるという問題なのである（第6章とRoberts [2004] を参照）。

つまり**企業の組織イノベーションは、さまざまな要素をコーディネートしながら変えていくという「システム的変化」なのである。**そして、システム的変化を導くだけでなく企業文化のような自生的なプロセスを変えていくことが、リーダーシップの機能だという考え方（リチャード・ラングロワ教授にたいするインタビュー［二〇〇八年三月一七日］による）も、一理あるだろう。

変化をいかに導くか

では、リーダーシップが組織イノベーションのカギだとして、経営者はそうした変化をどのように進めていけばよいのだろうか（以下については、Kotter and Schlesinger [1979] に依拠している）。組織イノベーションという変化を適切に実現するうえで、変化に抵抗する人々がなぜそうするのかという抵抗理由をまず理解しておく必要がある。

それは、①人々は価値が失われるのをおそれて狭い利己主義にとらわれてしまう、②変化を導く側と導かれる側とのあいだに信頼が生成されず変化の意味が理解されない、③双方のあい

表7.1 組織イノベーションのアプローチ

アプローチ	状況
教育とコミュニケーション	情報がない、あるいは不適切な情報しかない
参加とまきこみ	経営者が変化を進めるのに必要な情報をもたない、および変化にたいする抵抗が大きい
ファシリテーションと支援	何らかの調整が必要だという理由で抵抗が生じている
交渉と合意	変化によって損失を被る人々や集団がいる、および彼らが変化にたいする大きな抵抗勢力になっている
操作と抵抗勢力のとりこみ	他の選択肢がうまくいかない、あるいはその費用が大きすぎる
明示的・暗黙的強制	スピードが重要な問題となっている、および経営者が変化を進めるうえで大きな権限をもっている

注：Kotter and Schlesinger (1979), p.111 の表より作成

だに状況の評価にかんする違いがあり、組織や自分が変化によって利益をえられるという期待が生成されない、④変化が必要とする新しい能力を身につけられないのではないかと危惧する、といった四つに要約される。

変化を導く使命をもつ経営者は、人々が組織イノベーションに抵抗する理由を理解したのであれば、次に適切な手段を用いて抵抗を克服し組織イノベーションをうまく進めていかなければならない。そこで、どのような状況でどのような アプローチ を採用すべきかという関係を概略的に示したものが表7・1である。

まず第一に、変化を導くためのアプローチとして「教育とコミュニケーション」が挙げられる。このアプローチは、経営者が組織の人々に変化にかんするアイデアを説明しさまざまな手段を用いて変化の意味を教え込むと

いうものである。適切な情報がないために、変化にたいする抵抗が生じている状況で有効だと考えられる。

第二に、変化に抵抗する人々の話を聞いて変化をうまく進めるために、彼らの参加をつうじてコミットメントを引き出すという「参加とまきこみ」がある。これは、変化を推進する経営者が適切な情報をもっていないときに組織の人々のアドバイスを活用するものであり、変化にたいする抵抗が大きい状況で用いるのが有効だとみなされる。

第三に、変化に必要な新しいスキルを身につけることを促し、組織の人々にたいして訓練や時間などの支援を与えていくという「ファシリテーションと支援」である。これは、彼らが自分の能力を新しい変化にたいしてどのように調整したらよいかという不安を抱いて、抵抗を試みている場合に有効なアプローチだとされる。

第四に、費用をかけてでも変化に抵抗する人々にインセンティブを与えるという「交渉と合意」である。変化によって損失をこうむる人々の存在が明らかであって、しかも彼らが変化にたいする大きな抵抗勢力となっている場合には、このアプローチが意味をもつとされる。

第五に、情報を注意深く操作しながら変化に抵抗する人々を変化に加担させるべく、彼らに重要な役割を割り当てるという「操作と抵抗勢力のとりこみ」がある。これは、参加とまきこみのアプローチとは違って彼らのアドバイスをうけいれるものではない。他の選択肢を利用できる見込みがない、あるいはその費用が高すぎる場合に有効だとみなされる。

そして第六に、解雇や昇進機会の制限などの脅しをつかってでも、変化を強制的に進めていくという「明示的・暗黙的強制」がある。これは、変化のスピードが重要課題になっていて変化を進めていく経営者が大きな権限をもっている場合に利用できる。

これまで述べてきたように、敏速な変化が求められる状況でフレキシビリティを発揮するという企業の適応能力は、経営者にとって第六のきわめて集権的なアプローチが選択可能だということに関係しているのである。

ただし、ここで問題なのは、実際に経営者が直面する変化の状況は表7・1に示した状況に比べてかなり複雑だということである。したがって、アプローチと状況が一対一で対応していると考えてはならない。むしろ、実際に直面する状況は複雑で、そうした状況にたいしてこれらのアプローチを適宜に組み合わせて対応できるかどうかが、変化をうまく導くためのカギとなるだろう。

経営者が注意しなければならないのは、状況を正しく把握せずに限定的にアプローチを採用すること、そして戦略とは無関係な仕方で徐々に変化に取り組もうとすることである（Kotter and Schlesinger 1979)。変化をうまく導いていくためには、これらのあやまちを回避しなければならない。

経営者は、まず自分の組織がどのような状況にあるかを適切に理解したうえで、抽象的なビジョンを描きこれを具体的な戦略におとしこんで、変化にたいする適切なアプローチの組み合わせを創造していかなければならないだろう。

では次に、ケースを用いながら組織イノベーションのプロセスについて具体的に説明してみたい。まずは映画『スーパーの女』（伊丹十三監督、一九九六年）で説明することとしたい（ケースのなかの人名は、役［キャスト］として記されている）。

ただし、ケースに入る前に、この映画をまだみておらず近いうちにみる予定がある人に向けて注意を促したい。以下では、映画のストーリーの核心部分にふれている。後で映画を楽しむには、あらかじめこのことを理解したうえで、CASE⑮の直前まで続く文章を読むべきかどうかをこの段階で適宜判断してほしい。

しかし、このケースを読む前でも読んだ後でも、実際に映画を鑑賞することを推奨したい。というのも、この映画は、組織イノベーションにかんする描写はもとより、21世紀企業をとりまく一連の企業不祥事を予感させる企業経営の問題を先見的にとりあげた作品であるため、適切な思考材料だとみなされるからである（ＤＶＤについては、『伊丹十三ＤＶＤコレクション スーパーの女』［ジェネオンエンタテインメント、二〇〇五年］がある）。

CASE⑭ 『スーパーの女』

スーパー正直屋は小林家が所有するスーパーで、実質的にその経営については専務の小林五郎［津川雅彦］に任されている。だが、来客数も少なく、かならずしも経営が順調だとは言えない状況にある。これにたいして、ライバルの安売り大魔王は多くの客でにぎわっており、表面的には経営がうまくいっているようにみえる。

安売り大魔王の状況を把握すべく視察に訪れた小林は、幼なじみのスーパー好きの主婦である井上花子［宮本信子］に偶然出会う。安売り大魔王は「安かろう悪かろう」という商品を扱っているだけで、実際には顧客志向の経営を行っていない。このような現実を、井上は小林に証明してみせた。

その後二人は小林のスーパーである正直屋に行くが、そこで彼女はその経営のひどさを指摘する。小林はスーパーの実情に詳しい井上に正直屋で働くよう依頼し、これをうけて彼女はレジチーフの役職についた。

しかし実は、安売り大魔王は正直屋に買収を提案していた。その社長［伊東四朗］は、正直屋の経営は不適切だがその資産価値は高いと評価していた。つまり、正直屋の買収によって競争がなくなり、その地域の市場を独占できると考えていたのである。小林家はその提案に前向きだったが、五郎だけは買収に抵抗した。そこで彼は、経営再建を誓うことで家族を何とか説得した。

正直屋には、小林の下に店長［矢野宣］がいた。さらに、その下に青果部チーフ［三宅裕司］、精肉部チーフ［六平直政］、鮮魚部チーフ［高橋長英］、総菜部チーフ［あき竹城］、そしてレジチーフ、といった責任者がおり、それぞれの部をまとめていた。

精肉部と鮮魚部のチーフたちは仕事を部下に教えようとしないばかりか、重要な仕事を自分一人だけの特権と考えていた。彼らはチーフというよりは親方であって、仕事の流れを効率化することに激しく抵抗した。そして、「自分は親方から仕事をみて盗んできたのだから、お前たちも自分から仕事をみて盗め」という古い発想から抜け出せなかった。

たとえば、精肉部チーフは国産牛を切る仕事に固執していたのにたいして、鮮魚部チーフは魚をおろして切り身や刺身をつくる仕事に固執していた。しかし、それらは売れ筋商品ではなかった。さらに悪いことに、店内にはいけすがあり、漁船を模した派手なディスプレイが施されていた。

一方で小林は、チーフたちが高い技術をもっていると高く評価しており、彼らに遠慮して事実上野放しにしていたのである。しかも、何かにつけて「職人だから仕方がない」と言って、彼らをかばうようなしぐさをみせた。

また店長は、「売れ残った惣菜を翌日の弁当として売ればよい」と総菜部に言いつけるだけでなく、鮮魚部や精肉部で行われていた不適切な慣行（たとえば、実際の表示とは違う肉を混ぜて不当に販売する、およびリパック〔売れ残った生鮮食品をパックしなおして新しい日付をつけて売る〕、などの一連の偽装）を暗黙的に強制していた。

小林は、井上に刺激されて彼女の力をかりて腐りきった組織を変える決意をする。そして、正直屋を「お客様の立場にたつ日本一にする」というビジョンをかかげて、顧客満足に向けた取り組みをはじめていく。また、井上は、副店長にまで昇進することになり現場における問題の発見と解決になおいっそう尽力していった。結果的に正直屋の集客力は高まっていき、ライバルの安売り大魔王はあせりをみせはじめた。

そこで、安売り大魔王の社長は、正直屋のスタッフを引き抜いて店のオペレーションを混乱させようと正直屋の店長に働きかけた。その後、店長はスタッフたちの前で、まもなく正直屋が安売り大魔王に買収されてつぶれてしまい、すでにほとんどの人たちが自分とともに安売り大魔王への再就職を決めている、として彼らに心理的なゆさぶりをかけた。要は、安売り大魔王派が過半数であるかのような印象づけを行ったのである。

これにたいして井上は、買収は決まった話ではなく、「安かろう悪かろうのただの安売り屋」に再就職の世話になるほど志は低くないはずだ、とスタッフたちに呼びかけた。そして、自分は「一人でも正直屋に残る」と宣言した。正直屋を変えていこうという彼女の必死の説得によって、店長、精肉部チーフ、そして一部のスタッフたちを除いて、正直屋にとどまる人たちが多数派となった。

精肉部チーフは、屑肉処理業者「不破万作」からリベートをもらって高級国産牛を横流ししていた。そのために、売れないにもかかわらず国産牛に固執していたのである。その助手「柳沢慎吾」は、彼と行動をともにすることなく正直屋に残って井上の組織イノベーションに協力することを決めた。

鮮魚部チーフは、正直屋を去って自分で店を開くことに決めていたが、その前にスタッフに魚のさばき方を教えることを約束した。井上は、いけすが職人のシンボルだとしてもスーパーにそぐわないとしてこれを破壊していた経緯がある。にもかかわらず、そのチーフは井上の側について、助手「伊集院光」たちに自分のスキルを伝えるべく訓練すると述べた。

総菜部チーフは、すでに残り物で弁当をつくることをやめて、客の声を反映したできたての惣菜にこだわるようになっていた。かつて総菜部では、販売していたタラコのおにぎりの評判が芳しくなかった。

その噂を聞いた井上はそのチーフとともに、おにぎりを正直屋に納品している食品会社の社長［岡本信人］のところへ行き、問題を解決したことがあった。実は他の業者もやっているからという理由で、この食品会社ではタラコにシシャモッコをまぜていたのである。

しかし井上は、それは「正直」という正直屋の名前に反する行為だから、あくまでも「お客様のために」本物のタラコをつかってほしいと説得し、社長はそれに応じた。その後、社長は、本物のタラコのおにぎりを食べて喜んでいる主婦たちの姿を目の当たりにして感動の涙を流したのだった。

そして、早い段階から井上に協力的だった青果部では、果物や野菜の陳列の方法、あるいはラップした後も野菜の成長をとめて型崩れを防ぐ工夫、などについて話し合い、部として一丸となって問題の発見と解決に取り組むようになっていた。

正直屋で働くスタッフのなかには、パートの主婦も含まれている。彼女たちは、不適切なことだと知りながらリパックや売れ残り品の再利用などを日常的に行ってきた。店長が暗黙的に強制していたこともあり、そうした不適切な物事の仕方を当然とみなしてきた。

だからこそ彼女たちは、自分の職場であるにもかかわらず正直屋で買物をしなかった。ところが、組織が変わるにつれて、このスーパーで買物をするパートの主婦の数は次第に増えていったのである。

当初、小林は問題を適切に把握していなかった。その証拠に、チーフたちに遠慮して現場に任せきりで現場の問題に無頓着だった。そのために、店長による偽装の容認、精肉部チーフの高級国産牛の横流し、そして鮮魚部チーフのいけす、などの問題の発見・認識が遅れてしまった。事実上、彼らが組織を陳腐化させた原因であり、しかも組織イノベーションにたいする大きな抵抗勢力となっていた。

しかし、スーパーにかんするケイパビリティをもつ井上は、正直屋を抜本的に変える必要性を感じていた。小林は、彼女を迎えた後には「正直屋を日本一のスーパーにしたい」というビジョンを示すまでになった。そして、それを「お客様の立場にたつ日本一」という形に明確化し、さらに「少しでもいい商品を少しでも安い価格で提供する」、あるいは「そのためにお客様の声に耳を傾けよう」、などといった戦略に具体化していった。

だが小林は、経営者として変化を導くうえで必要なケイパビリティをもっておらず、この点で井上の支援が不可欠だった。井上は、小林に代わって参加とまきこみというアプローチを用いることで青果部のチーフをはじめスタッフたちを変化に加担させていったのである。

彼らは、他のスーパーの野菜と正直屋の野菜を比較して組織学習を展開していった。たとえば、セロリの切り方や白菜のラップの仕方などを改善して、顧客にとって新鮮でおいしい野菜はどのようなものかを研究した。

そして、そのためにたとえ小さなアイデアでも積極的に提供することを促進し、これをたたえる文化を醸成していった。

近代的なスーパーと前近代的な職人のあいだには補完性がないとみなされるが、従来の正直屋では後者の要素が幅を利かせていた。そのため、顧客満足の志向性や効率的なオペレーションの導入がさまたげられていたようである。

鮮魚部チーフがこだわったいけすは、スーパーの売場を犠牲にするだけで売上に貢献しないムダにすぎなかった。しかも、前近代性のシンボルでもあった。これを破壊することは、新しい仕組づくりに向けた変化が確固たるもので、変化に本気で取り組むという強い意志を組織全体に知らしめる意味をもっていた。

また、そのチーフがもっている魚の切り身や刺身をつくるための暗黙知（ケイパビリティ）を直接的な訓練や教育をつうじて助手やパートの主婦に移転することによって、分業によるオペレーションの効率化を実現しようとした。つまり、知識創造論が言うところの共同化が展開されたのである。

井上は、組織の内部だけでなく組織の外部（たとえば、おにぎりを製造する食品会社）にたいする説得も試みた。つまり、サプライヤーにたいしても正直屋のビジョンとコヒーレントな選択を求めることによって、全体的なまとまりを創造しながらシステム的変化を試みたのである。

ここで重要なのは、正直屋の組織イノベーションは小林一人の力によるものでもなければ、井上一人の力によるものでもないということである。彼らは、たしかに変化を主導した。提示したビジョンと整合した選択や行動を組織内外の人々に求めて、実際に変化をコーディネートしていったのである。

　しかし、主導するだけでは変化はおこらない。**新しい組織の実現に向けたシステム的変化は、トップだけでなく組織の人々のリーダーシップの発揚がなければ実現しえないものなのである。つまり、組織の人々が変化のビジョンを理解したうえで組織を動かそうと、一斉に立ち上がって大胆に行動をおこさなければならないということである。**

　このケースでは、競合他社による引き抜きを契機として変化に抵抗する人々が組織内部から自発的に退出したため、変化を導く経営者にとって組織イノベーションを推進するのが相対的に容易になった。しかし、抵抗勢力を説得して変化の試みに加担させる、あるいは抵抗勢力を排除するのは容易でないために、実際の組織イノベーションはさらなる困難をともなう。

　そこで組織イノベーションについてさらなる理解を深めるために、資生堂のケースをみてみたい（以下は、資生堂のＨＰ［http://www.shiseido.co.jp/］、加藤・野田監修［1980］、川島［2007］、および資生堂［2007a, b］に依拠している）。

CASE 15　資生堂

　資生堂は、海軍薬剤監だった福原有信が一八七二年九月に設立した企業である。福原は、漢方薬が主流だった時代に、日本ではじめての洋風調剤薬局を銀座に開いた。資生堂という名前は、福原と初代陸軍医総監だった松本順が相談して、「至哉坤元　万物資生」という『易経』の一節から選ばれたものである。

その頃の日本では、政情が不安定で内乱が続いていたために多くの傷病者が出ていた。さらにコレラが流行していたために、医薬品の需要が増大していた。このような状況の下で資生堂は、調剤、製薬、そして売薬の生産と販売に着手していった。

資生堂は、一八八八年には日本ではじめての練り歯みがきである「福原衛生歯磨石鹸」の販売を開始した。さらに、一八九七年には化粧品事業に進出することになり、化粧水の「オイデルミン」、ふけとり香水の「花たちばな」、そして改良すき油の「柳糸香」を発売した。

そして、一九一五年には信三が有信の後を継いで資生堂の経営にあたることになった。信三はコロンビア大学薬学部を卒業し、ニューヨークで薬品や化粧品の実務に携わるという経験を積んだ。その後、帰国して資生堂が化粧品メーカーとして成長していくために商標が必要だと痛感し、花椿の商標を考案したのである。彼は、経営の近代化を次々と進めていった。

一九二一年には、「資生堂五大主義」と呼ばれる社訓を打ち出すことによって、組織の人々にたいして進むべき方向性をわかりやすく示した。すなわち、①品質本位主義、②共存共栄主義、③小売り主義、④堅実主義、⑤徳義尊重主義、といったものである。とくに共存共栄主義を軸とすることによって、当時の不況を組織全体で乗り越えようという意図があったようである。

行動指針である資生堂五大主義は、時間をつうじてこの企業で働く人々の行動を形づくってきた。たとえば、一九五三年に八代目の社長に就任した山本吉兵衛は、その直後に本社の収益を削ることになるにもかかわらず小売店マージンを五％いっせいに引き上げた。

この点について、彼は「毎年、小売り側からマージンの引き上げ要請がある。人件費や販売コストがかさんできたことがその理由だ。……小売り側が困っているならメーカーは苦しくても、小売りのためにに協力していく、これが共存共栄主義ではないですか」（加藤・野田監修 1980, p.11）と述べている。

この資生堂五大主義は、企業使命・事業領域と行動規範からなりたつ企業理念として一九八九年に明文化された。企業使命・事業領域は「私たちは、多くの人々との出会いを通じて、新しく深みのある価値を発見し、美しい生活文化を創造します」というものなのにたいして、行動規範は「一．お客さまの喜びをめざそう、二．形式にとらわれず結果を求めよう、三．本音で語りあおう、四．広く深く考え、大胆に挑戦しよう、五．感謝の心で行動しよう」というものである（http://www.shiseido.co.jp/ideals/）。

この企業理念は、資生堂の社会における存在意義を明確にしたもので、これを頂点に資生堂における行動の規範やルールが階層的に組織されている。そして、資生堂のＣＳＲ（企業の社会的責任）志向の全社的な行動を規定したTHE SHISEIDO WAY（資生堂企業行動宣言）、個々の社員の行動基準を明確にしたTHE SHISEIDO CODE（資生堂企業倫理・行動基準）、社内規定・社内ルール、そして企業行動・日常業務活動、といった順に階層化している。

二〇〇五年に社長に就任した前田新造は、資生堂のビジョンを「一〇〇％お客さま志向の会社に生まれ変わる」「資生堂ブランドを光り輝かせる」、そして「魅力ある人で組織を埋め尽くす」、という形で表現した。そして、「成長と躍進」を掲げた経営改革に着手したのであった。彼は、資生堂の存在意義と価値について以下のように述べている。

> 資生堂の企業活動そのものがＣＳＲ活動と軸を同じにするものであると考えています。……私たちは単に経営数値を追い求めるだけではなく、資生堂の企業理念の根底にある「何をもって社会のお役に立つのか」を考え、それを実践していくことが、企業としての最も大切な心棒ととらえています。「企業の社会的責任として必ず取り組むべきこと（基本的ＣＳＲ）」を実践することはもちろん、「資生堂だからできること（資生堂ならではのＣＳＲ）」として、「化粧」「女性」「文化資本」をキーワードとした活動を積極的に進めています。……魅力ある商品やサービスの提供、メセナ・社会活動、環境活動、コーポレートガバナンスにいたるすべての活動において、「一瞬も 一生も 美しく」に込めた思いを実践し、企業として社会的な役割を果たしていきます（前田 2007, pp.4-5）。

資生堂は、前田が提示した変化のビジョンの下で社会制度としてＣＳＲを推進している。そして、化粧、女性、そして文化資本を中核とした活動をつうじて美しく生きるための価値を創造している。第一に化粧は資生堂の本業とみなされるが、この点で化粧の知識を消費者に提供する資生堂美容セミナー、あるいは高齢者などにたいする美容セミナーを催す資生堂ビューティーボランティア制度、などを設けている。

とくに、肌に悩みをもつ消費者にたいする最適な商品や美容法の提供によってQOL(Quality of Life) の向上に貢献するというソーシャルビューティーケア活動に力を入れてきた。二〇〇六年には資生堂ソーシャルビューティーケアセンターを開設し、これまで医療機関と連携して皮膚に悩みを抱えた人たちにたいするセラピーメーキャップの拠点とした。

第二に、資生堂の顧客の九〇％を占める女性についてである。二〇〇五年に従業員参加型の社会貢献支援組織であるSHISEIDO社会貢献くらぶ─花椿基金─(以下、花椿基金)を創設した。趣旨に賛同した従業員が給与の一部を積み立てて、開発途上国の女性の自立やDV被害をうけた女性の心身の回復などを支援するためにその基金を用いている。また、従業員として働く女性にたいしても、カンガルーム汐留を設置して仕事と育児の両立を支援している。

第三に、美しい生活文化や美意識を意味する文化資本についてである。一九一九年に開設された資生堂ギャラリーでは梅原龍三郎や藤島武二などの一流画家の作品が展示され、高い評価を確立してきた。その後、一貫して美の創造に向けた非営利活動を継続してきたのである。

また、一九九〇年に当時の福原義春社長は、「創業以来、組織内に蓄積してきた企業活動の知的・感性的成果」(http://www.shiseido.co.jp/story/html/sto50400.htm) である企業文化を社内外に広く発信するために、他社に先駆けて企業文化部を創設した。それ以来、資生堂は文化活動を組み込んだ経営を継承することでブランド価値の増大に尽力してきた。

次に、ビジョンと企業制度の変化についてみてみよう。第一の「一〇〇%お客さま志向の会社に生まれ変わる」というビジョンは、製造段階に厳しい基準を設けて安全性の高い製品を提供する動き、あるいは顧客とのコミュニケーションの動きに表れている。この点については、顧客との接点となるBC（ビューティーコンサルタント［美容部員］）の意識改革を実現するために、BCの売上目標を廃止して接客・応対を重視したお客さま応対満足度評価制度を導入し、顧客満足のさらなる向上を促進した。

さらに、消費者の購買行動に適合的なマーケティングを展開するために二〇〇六年には化粧品とトイレタリーの事業融合を行った。これによって、化粧品専門店、組織小売業、デパート、そしてホールセール、といったそれぞれの流通チャネルに営業機能を特化したチャネル別営業体制が確立することとなった。

P&Gやユニリーバなどのグローバル企業との競争が激化しているトイレタリー事業では、シャンプー・リンス、ボディソープ、そして洗顔料、といった分野へ集中する一方、他分野の撤退や縮小を試みた。

第二の「資生堂ブランドを光り輝かせる」というビジョンは、選択と集中をつうじて〝太く・強い〟ブランドづくりをめざすというブランド戦略に集約された。それによって資生堂ブランドは、多様な流通チャネルをつうじて商品カテゴリーごとにトップをねらうという顧客接点拡大ブランド、および限定的な流通チャネルをつうじて顧客との関係性を深めていくという顧客接点深耕ブランドの二つに大別された（図7・1）。

図7.1 8つの重要育成ブランド

メガブランド

顧客接点拡大ブランド	スキンケア	中価格	エリクシール シュペリエル（統合▶エリクシール＋ユーヴィホワイト）
		低価格	アクアレーベル（統合▶ホワイティア＋アスプリール＋アスプリールグレイシィリッチ）
	メーキャップ	中価格	マキアージュ（統合▶プラウディア＋ピエヌ）
		低価格	インテグレート（統合▶セルフィット＋フフ）
	ボディ		
	ヘア		TSUBAKI（新規）
	メンズ		ウーノ（統合▶ウーノ＋ジェレイド）

顧客接点深耕ブランド	デパート・化粧品専門店	クレ・ド・ポー ボーテ（既存）
	組織小売業など	ベネフィーク（既存）

注：資生堂（2007b, p.13）をもとに作成。以上、8つのブランドは「重点育成ブランド」と呼ばれる。表はカテゴリーごとにブランド（成立過程）を示している。

これまで資生堂ではマルチ・ブランド戦略をつうじて価格、流通チャネル、あるいは機能、などの属性ごとに異なったブランドを展開して消費者の多様なニーズにこたえようとしてきた。しかし、それは同時に投下資本の分散を意味していた。また、一〇〇以上にも及ぶブランドは消費者に資生堂をみえにくくしていた。つまりこの戦略は、そもそも一〇〇%お客さま志向というビジョンとも整合するものではなかった。

そこで、ブランドの選択と集中を進めることによって顧客の混乱を解決するだけでなく投資効率の改善も意図した。六つのメガブランド（「エリクシール シュペリエル」「アクアレーベル」「マキアージュ」「インテグレート」「TSUBAKI」、そして「ウーノ」）に加えて「クレ・ド・ポー ボーテ」と「ベネフィーク」をあわせた八つの重点育成ブランドが化粧品売上高に占める割合は、二〇〇五年から二〇〇六年のあいだに四八%から五二%へと増加した（資生堂 2007b, p.13）。

二〇〇五年には商品開発部とマーケティング部を統合することによって、一人のブランドマネージャーが担当カテゴリーの商品の開発から消費者との接点まで一貫した責任を担うというブランドマネージャー制を導入した。

この制度は、ブランドの育成にかんしてより大きな権限をもつ一方で顧客価値の最大化により大きな責任を負うブランドマネージャーの下で、カテゴリー・ナンバーワン・ブランドの創造と維持を意図したものである。

多くの部署や人々のあいだで商品の開発やマーケティングといった機能が分割されてばら

ばらになっているために、強いメッセージや一貫性をもった新商品を生み出せないという問題がおこる。ブランドマネージャー制は、このような問題にたいする解とみなすことができるだろう。

そして、第三の「魅力ある人で組織を埋め尽くす」というビジョンについてみてみよう。資生堂は、創業当時「書生堂」と呼ばれるくらい人材育成に力を入れていた。この伝統を継承して、二〇〇六年には資生堂『共育』宣言を発表した。

それは、働く人の自己実現と会社の成長を結びつけながら人材育成を進めていくという方針である。この宣言によって、資生堂が求める人の理想像は、美意識（美しさにたいする感性）、自立性（自ら考えて自ら行動する自発性）、そして変革力（歴史に学びつつ変えていく力）をもった人であって、職場では人々が「ともに育ち合い、育て合う」（資生堂 2007a, p.17）環境をつくっていくことが示された。

さらに、そうした方針に依拠して同年にエコール資生堂という企業内大学を創設した。美容、営業・マーケティング、宣伝制作、研究開発、生産、財務・経理、そしてスタッフ、といった七つの分野ごとに学部が設けられて、それぞれのプロフェッショナルが育成されていく。一方、教養、経営大学院、そして国際担当、といった分野横断的な学部では、幹部の育成や新入社員の研修などが行われる。各分野の学部長はそれぞれの担当の執行役員がつとめ、社長が学長として全体を統括する構造になっている。

次に、資生堂のコーポレート・ガバナンスをみてみよう。この企業の資本金は六四五億円で、株主数は三万四七五〇名にも及んでいる（二〇〇七年三月現在）。そこで株式所有構造をみてみると、金融機関四一・九％、外国人投資家三〇・九％、そして個人株主一七・五％と続いている。

また会社機関の編成については、会計監査人、取締役会（九名の取締役によって構成されており、うち二名は社外取締役）、そして監査役会（五名の監査役によって構成されており、うち三名は社外監査役）の組み合わせを選択している。

資生堂では、執行役員制度を設けることによって意思決定・監督と業務執行の分離を徹底している。さらに、執行役員による重要案件の業務執行の決裁機関として経営会議が設けられ、経営の迅速化と執行役員への権限委譲を進めている。経営会議の議長は、ＣＥＯ兼ＣＯＯである社長がつとめている。

前述したように、この企業ではＣＳＲを重視した経営が行われている。また、取締役会直轄のＣＳＲ委員会として、グループ全体の適法な活動や倫理の徹底を推進するコンプライアンス委員会、および資生堂ブランドを光り輝かせるための文化や社会貢献を進めていく企業価値創造委員会が設置されている。

資生堂の組織イノベーションの成果については、図７・２のようにまとめられる。前田は、資生堂の社会における存在意義をＣＳＲに求め、企業活動そのものがＣＳＲだという価値を前面に押し出したステイクホルダー志向の経営を追求している。また、化粧、女性、そして文化

図7.2 資生堂の組織イノベーション

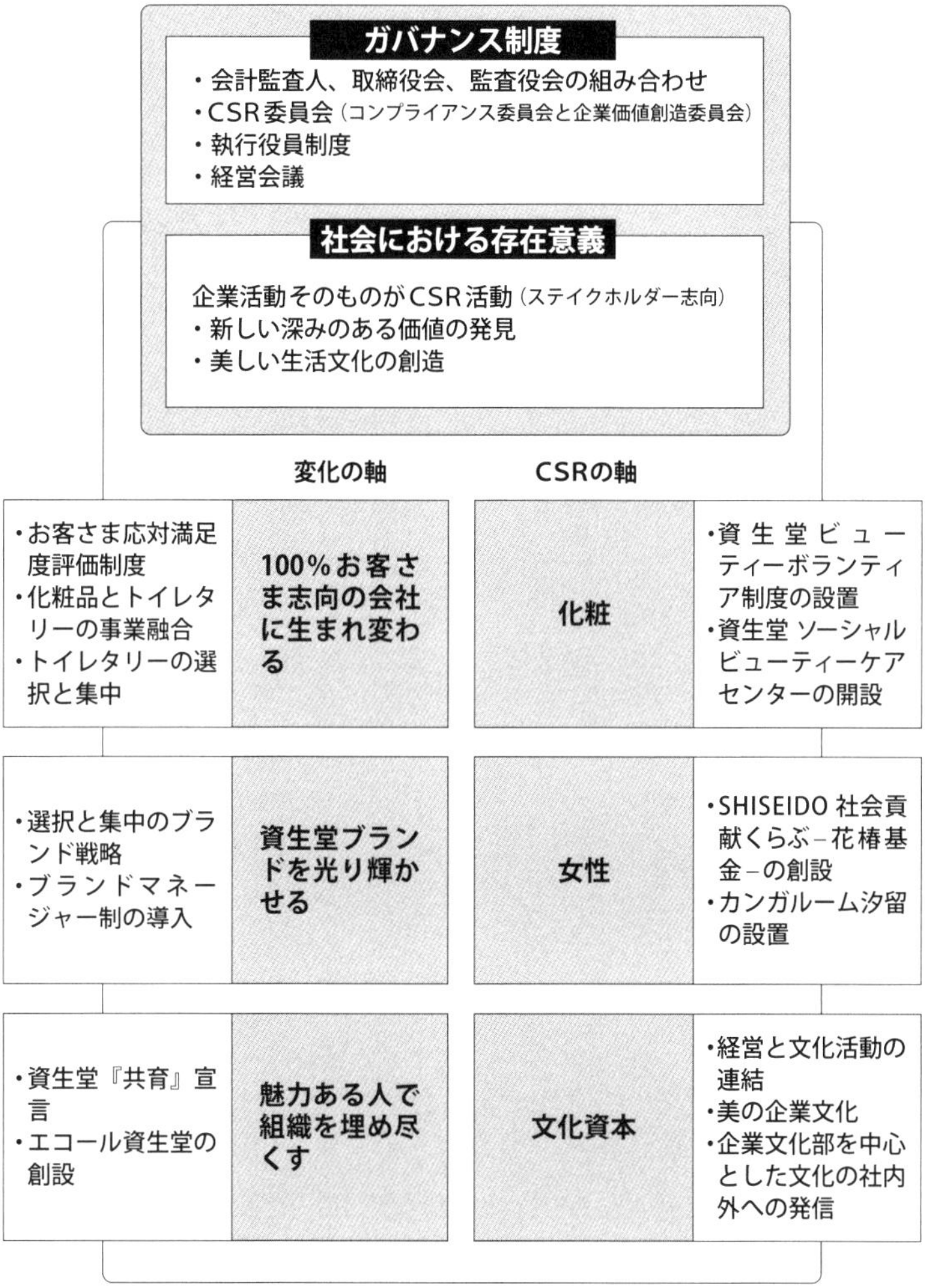
ガバナンス制度
・会計監査人、取締役会、監査役会の組み合わせ
・CSR委員会（コンプライアンス委員会と企業価値創造委員会）
・執行役員制度
・経営会議
社会における存在意義
企業活動そのものがCSR活動（ステイクホルダー志向）
・新しい深みのある価値の発見
・美しい生活文化の創造
変化の軸
CSRの軸
・お客さま応対満足度評価制度
・化粧品とトイレタリーの事業融合
・トイレタリーの選択と集中
100%お客さま志向の会社に生まれ変わる
化粧
・資生堂ビューティーボランティア制度の設置
・資生堂 ソーシャルビューティーケアセンターの開設
・選択と集中のブランド戦略
・ブランドマネージャー制の導入
資生堂ブランドを光り輝かせる
女性
・SHISEIDO 社会貢献くらぶ－花椿基金－の創設
・カンガルーム汐留の設置
・資生堂『共育』宣言
・エコール資生堂の創設
魅力ある人で組織を埋め尽くす
文化資本
・経営と文化活動の連結
・美の企業文化
・企業文化部を中心とした文化の社内外への発信

資本、といったCSRの軸を示すとともに、それぞれについて整合的な制度の配置やアクティビティの実行を進めてきた。

一方、変化の軸として、一〇〇%お客さま志向、資生堂ブランドの価値の増大、そして魅力的な人材の育成、を挙げるとともに、それぞれについて整合的な制度の配置やアクティビティの実行を促進してきたのである。

資生堂は、これまでも化粧、女性、そして文化資本、といったものを重視してきた企業である。だが前田は、これらが社会制度としての資生堂の価値創造を支える軸だということをあらためて明確化し、過去から継承してきたルーティンを利用しながら全体的に新しいルーティンを創造しようとしたのである。

コッターが指摘していたように、企業をとりまく複雑な環境変化を分析してフォーマルな組織形態を創造するという経営だけでなく、変化に向けたビジョンや戦略の提示、インフォーマルな企業文化の創造、そして人々の動機づけを実現するリーダーシップが必要なのは言うまでもない。

組織の人々にたいする動機づけという点で言えば、資生堂『共育』宣言をつうじて望まれる人物の理想像を提示するとともに人材育成のための環境整備を行うことによって、多くの人々を資生堂ブランドの価値を高めるという変化に加担させようとしている。

前田は、ブランドが企業のアイデンティティであることを認識している。また、顧客の視点からみて資生堂ブランドの乱立《らんりつ》によって自社および自社製品がブランド・パワーを失っているという事態を重くみて、これを解決するための方向性を示した。

企業は評判の担い手なのであって、名前をもつからこそ時間をつうじて活動できる（Kreps 1990）。われわれは、ブランドがなければどの企業がどのような製品を生産しているのかをまったく認識できなくなってしまう。こうした意味でブランドは、企業と消費者とのコミュニケーションをなりたたせるという重要な役割をはたす（谷口 2006b）。

前田は、乱立したブランドの選択と集中を進めることによって、消費者に資生堂のイメージがより伝わりやすいように仕向けただけでなく特定のブランドに資源を集中配分できるようにした。

しかも、特定のカテゴリーにたいして全般的な責任をもつブランドマネージャーを配置する制度を導入するとともに、その下で働く人々の教育体制の拡充にもつとめた。このようなことから、組織イノベーションによって変化のビジョンとコヒーレントな形でさまざまな要素を組みかえなおして、全体的に要素間の補完性を実現しようとしたと言えるだろう。

変化のシンボル

先のコッターは、*Our Iceberg Is Melting*（2006）というペンギンを主人公とした寓話を発表するとともに、この本に関連してさまざまな分野での変化を鼓舞するためのＨＰを設けている（http://www.ouricebergismelting.com/）。

この寓話の趣旨は、組織イノベーションの展開を示すことにあった。つまり**変化のプロセス**

とは、①組織の危機意識を高める、②変化を推進するチームの編成、③変化のビジョンの提示、④変化のビジョンの共有、⑤変化に向けた環境整備、⑥早期段階での成果の実現、⑦変化の手を緩めない、⑧新しい仕方を文化として根づかせる、というものである（Kotter and Rathgeber 2006)。

この寓話は、ペンギンたちが生活するコロニーのある氷山が舞台になっている。だがこの氷山は、彼らが知らないあいだに溶けていてやがて崩れてしまうおそれがあった。今そこにおとずれつつあるこの危機に気づいたある一羽のペンギンは、仲間たちにこのことをわかってもらおうとするが、あいにく彼らは変化にたいして鈍感だった。

しかし、そのペンギンはあきらめずに問題の深刻さをリーダーペンギンの一羽に伝えて自分の仲間に引き込むことに成功した。二羽のペンギンは、都合の悪い不愉快な問題を隠そうとする他のリーダーペンギンたちを説得するために工夫して、リーダー議会の議長に問題共有のための全体集会の開催を決定させた。

その後、議長は危機打開のためのチームを編成して問題解決の方法をさぐった。偶然そのなかのペンギンは、暮らす場所をさがしている一羽のカモメと遭遇した。その結果、新しい安全な場所をみつけて、そこへカモメのように飛んでいき生活をはじめればよいのではないかという案が生み出された。カモメは、ペンギンにとって変化のシンボルになった。

この案は全体集会で報告され、それにまつわるスローガンをポスターにしてみんなに広く呼びかけようとした。抵抗勢力が現れて変化を妨害したものの、結果的にペンギンたちは変化のビジョンをうけいれてカモメのように行動したのである。

それでは、資生堂のケースにおける変化のシンボルとは何だろうか。資生堂のシャンプーの顔であるばかりか美意識の発信源となった「TSUBAKI」は、変化のシンボルとして一役買ったと思われる（以下については、資生堂［2007b］に依拠している）。

資生堂の第二の変化のビジョンは、ブランドに言及したものだった。ブランドを磨きなおすという前田の夢をうけて、「資生堂のモノづくりの優位性を最大限に発揮し、化粧品感覚のシャンプーをもって勝利する」（資生堂 2007b, p.22）という内容をもつ「美的嗜好品」という概念とともに「日本の女性は、美しい。」というメッセージが生み出された。

この「TSUBAKI」については、SMAPの「Dear WOMAN」という曲だけでなく仲間由紀恵や竹内結子などの女優が出演した豪華なプロモーションをみてもわかるように、「魅せる広告」というテーマの下、一年間で約五〇億円もの宣伝広告費が投下された（川島 2007）。ただし、そこで重要なのは、みせるための派手なプロモーションだけではなく、経営者が緻密な計画をたてて組織の人々がそれを着実に実行できたからこそ「TSUBAKI」は成功したということである。前田は、化粧品とトイレタリーの事業融合に先立って両事業の営業担当からなる営業タスクフォースを編成し、「TSUBAKI」で成功事例をつくりあげるように命じていたのだった。

そこで、営業による得意先一店舗ごとの地道な活動が行われて、二〇〇六年三月の発売と同時に「TSUBAKI」が各店舗の売場を占拠し、発売四週目にしてトップシェアを獲得するにいたったのである。このような「TSUBAKI」の圧倒的な成功は、資生堂の変化のシンボルとなった。早期段階でのそうした成功事例は、資生堂の人々が前田の変化のビジョンに信頼を寄せて変化にコミットすることを促進するものだと言えるだろう。

個人と組織の共進化に向けて

かつて、企業が存続していくためのカギは企業家精神とブランドだと述べたことがある（谷口 2006b）。つまり**企業の存続は、経営者が戦略策定、および組織のデザインとイノベーションを適切に実行していけるかどうかによって左右されるということである。**このことは、変化を導くリーダーシップや企業家精神が大切なのであって、複雑さを定型的に処理する経営を軽視してよいということではない。

経営者は、経営とリーダーシップの両方にたけていなければならない。企業目的をつねに進化させて企業のアイデンティティを決定することが使命であり、競争優位の確立や持続は、戦略の課題として重要だとしても戦略のすべてということにはならない（Montgomery 2008）。

そして経営者は、自分一人さえいれば物事はうまくいくという傲慢さを捨てて、広い視野でさまざまなステイクホルダーのケイパビリティを活用しなければならない。そのためにフォーマルな組織形態のデザインだけではなく、インフォーマルな組織文化をつうじて組織の人々を動機づける必要もある。

企業という組織のなかでは、人々がイノベーションに向けて主体的に考えて行動できるような環境が求められる。この点で組織文化が意味をもつが、それは人々が参加している組織にアイデンティティを求めるとともに組織学習を促進するものでなければならない。

だが、企業が環境変化に適応するうえで、既存の枠組を維持したままの小規模なシングル・ループ学習では役に立たないことがある。したがって、さまざまな学習を適宜につかいわけるというデュエトロ学習のケイパビリティを発展させなければならない。

しかし、組織学習を支えているのは一人一人の個人である。企業は個人を成長させる環境を整備することで、さらなる成長を実現できる可能性が高まる。**個人と企業が支えあうことで互いの成長を促進するような共進化を実現できるかが重要なのである。**

個人と企業の共進化を実現するためにも、企業で働く人々は組織に甘えてはならない。組織をとりまく環境がつねに変化するのにともない、組織が個人に求める能力も変わってくる。そのために、個人にはたえまない成長が求められる。組織は個人の成長を支えてアイデンティティを確立しなければ、やがて自らの存続を脅かすことになりかねない。

個人が組織とともに共進化的な成長を続けていくためにも、自分の成長をさまたげるような過去のしがらみを破壊する一方、さまざまな能力をもつ人々とのつながりにもとづいて、組織とのつきあい方や仕事の仕方などにまとまりを与えていくという組織力を育成しなければならない。資生堂で前田が志向した「社会性」と「変化」を重視した企業経営は、そうした共進化を意識していたという点で実に興味深い。

また、カリスマ的リーダーシップがなくても組織イノベーションは可能だということである。**組織の人々のあいだで集中的なコミュニケーションを実現して一枚岩の変革チームを組織することができれば、カリスマ的リーダーに匹敵するほどの強大な力を発揮できるのではないだろうか。**このことは、ペンギンの寓話にも描かれていたとおりである。

個人が自分のみならず他者を深く理解できるような冷静な思考力と敏速な行動力を身につけたとき、またそうした魅力的な個人で組織が埋め尽くされたとき、その組織は高い適応力をえるだろう。個人と共進化する組織をつくる、あるいはそうした組織に向けた変化を導くことは、経営者の挑戦的な課題である。そして、ポジションを気にせずに自分のできる小さなことから創造的破壊の活動に取り組み、組織と共進化していくことが個人には求められているのである。

おわりに——希望のある組織の旅へ

これまで、組織とは何かという根本的な問題について考えてきた。とくに、企業で働くビジネス・パーソンにとって、組織の性質を理解することをつうじて、自分に身近な組織——たとえば、家族や会社——と共進化する関係を築くことができるのではないだろうか。

これまで、組織は主に経営学で扱われてきたテーマだが、本書では、経済学による組織研究の成果にも言及してきた。とくに組織経済学は、組織の分析道具として画期的な研究成果を次々と生み出している（本文のなかで「ノーベル経済学賞を受賞した」という表現を多用したので、気づいた人もいるかもしれない）。

ケネス・アロー、フリードリッヒ・ハイエク、ハーバート・サイモン、ロナルド・コース、ダグラス・ノース、ジョン・ナッシュ、ジョージ・アカロフ、マイケル・スペンス、ジョセフ・スティグリッツ、そしてトーマス・シェリング、などといった碩学《せきがく》たちは、組織をはじめとした制度や企業を理解するための理論的枠組の構築に貢献したことで、ノーベル経済学賞の栄誉に浴した。

また、本書を執筆するうえで、彼らをはじめとするさまざまな研究者たちの研究成果はもとより、実に多くの人たちから恩恵をうけてきた。まず本書の出版にあたっては、ＮＴＴ出版の取締役第一出版本部長である齋藤博氏、そして第一出版本部係長である宮野亜佐子氏に大変お世話になったことを記しておきたい。当初約束していた原稿受け渡しの期限を大幅にすぎてしまったにもかかわらず、お二方は寛大に見守ってくださった。

植竹晃久名誉教授には、実体験をまじえつつ組織の性質――とくに毒の部分――についていろいろと教えていただき、そのたびに組織の奥の深さを思い知らされている。リチャード・ラングロワ教授には、企業と資本主義の変化について貴重なお話を聞かせていただいた。さらに本書の基本的な構想は、島崎勁一氏との私的な会話によるところが大きい。お三方にたいして深くお礼を申し上げたい。

残念ながら紙幅の都合で、お世話になったすべての方々のお名前を記すことはできないが、ここに感謝の気持ちを記したい。そして、さまざまな機会にご教示いただいている方々、および本書の執筆にあたって知的刺激をくださった方々のお名前を以下に記したい。――青木昌彦名誉教授、大久保紀彦氏、岡本慎一氏、川西章弘氏、金峰氏、木戸一夫准教授、倉山幹太氏、清水雅彦教授、十川廣國名誉教授、園田智昭教授、瀧澤弘和准教授、谷口美樹氏、西川隆博氏、西澤繁彦氏、平田光弘名誉教授、マシュー・ハンリー教授、マーク・フルーエン教授、増田優氏、松浦令治氏、山﨑大輔氏、山﨑秀雄准教授、楊錦華氏、横尾修弘氏、吉森賢名誉教授、李濱氏、李維安教授、脇村美和子氏、渡辺智子氏、渡辺伸啓氏、そして渡部直樹教授。

ただし、本書のなかに意図せずに残されてしまった誤りについては、すべて著者の責任であることをここに記しておきたい。

ところで、二〇〇六年四月にリリースされたケツメイシの「旅人」という曲には、「今　地図を開いて　進む未来へ　希望のある旅へ」というフレーズが登場する。しかし、「自分の人生には地図などなかった、だから自分で道を切り拓いてきた」という立志伝を力強く語る人もいるかもしれないが、そんな人でも一度くらいは人生の旅の地図を開いて、組織の旅に出ざるをえなかったのではないだろうか。

われわれは、学校を卒業してから仲間と離れ、それぞれの道を歩んできた。道の途中で自分の限界や孤独を感じ、組織の壁や息苦しさに苦悩することもあっただろう。他方、組織のやさしさやありがたさを感じ、あらためて組織に生きようと決心し、今まで来た道をさらに前へと進むこともあったかもしれない。

大学を卒業して企業に就職した人、高校を卒業して家業の寿司屋を継いだ人、中学を卒業してフランスに渡りパティシエになった人、数々の企業を渡り歩いた後で法曹界に身を投じた人、あるいは大学院でＭＢＡをとった後に起業した人、など進む道は人によってさまざまである。進む道は違うとしても、地図を描いて組織の旅に出発しなければならなかったという点は、誰もが共通していることであろう。

たとえば、ワタミを創業した渡邉美樹氏は「夢に日付を」という言葉を胸に秘め、二四歳で起業するという地図を描いていたそうである。しかし、具体的な事業の構想もなかったために、とりあえず起業資金を稼ぐ目的で運送のバイトをはじめた。彼は就職活動の時期ですらバイトにあけくれ、当初から目標としていた二四歳で運良く起業の夢を実現したのだという。

渡邉氏は、経営者として企業を動かすことになったが、そのような立場にたてる人は社会の少数派と言ってよいだろう。これにたいして、社会の多数派を構成する人たちの多くは、企業に就職して組織のなかで動かされる立場にたつ。

しかし、両者ともに組織に深くかかわらなければならないという点でかわりはなく、経営者ではないからといって組織を動かせないわけではない。つまり、自分一人だけの組織の旅はありえないし、自分にも組織の旅を先導するチャンスがあるということである。

「今つとめている企業でよいのか」「この仕事は自分に向いているのか」、あるいは「やはりあの夢はあきらめきれない」、などといった忸怩《じくじ》たる思いに、日々さいなまれている人も多いだろう。だが、少しでも自分の夢に近づくには、一見無関係と思われる点と点とをつなげる努力を怠ってはならない。「自分なんて」とか「自分にはとても」などと思った瞬間に、その夢は死んでしまう。

一度きりの人生、是非とも夢を実現したいものである。もちろん、そのためには運も大切であるが、少なくとも、さまざまな点と点を提供してくれる組織を深く知ることは、希望のある組織の旅を実現するために必要だろう。

俗に、「組織は人なり」と言われることがある。このような意味で言えば、組織の旅は人の旅である。人の助けや導きは、旅に疲れた自分を元気づけてくれるし、旅に迷った自分を再発見させてくれる。
一人一人が希望のある組織の旅をつうじて、自分の夢を実現できればよいと強く願うばかりである。たとえほんのわずかだとしても、本書がそのきっかけになるとすれば幸いである。

二〇〇八年六月

三田にて
谷口和弘

（JASRAC 出0805943－801）

索引

[タ]

[ナ]

[ハ]

［マ］

［ラ］

参考文献

Akerlof, G. and R. Kranton (2005), "Identity and the Economics of Organizations," *Journal of Economic Perspectives*, 19, pp. 9-32.

Aldrich, H. (1979), *Organizations and Environments*. Englewood Cliffs, NJ: Prentice-Hall.

Aoki, M. (2001), *Toward a Comparative Institutional Analysis*. Cambridge, MA: MIT Press.（瀧澤弘和・谷口和弘訳『比較制度分析に向けて』NTT出版，2001年）。

Aoki, M. (2007), "Endogenizing Institutions and Institutional Changes," *Journal of Institutional Economics*, 3, pp. 1-31.

Aoki, M. (2008), "Understanding Douglass North in Game-Theoretic Language," http://www.stanford.edu/~aoki/papers/North_Sympo.pdf

Argyris, C. and D. Schön (1996), *Organizational Learning II: Theory, Method, and Practice*. New York: Addison-Wesley.

Arrow, K. (1974), *The Limits of Organization*. New York: W. W. Norton.（村上泰亮訳『組織の限界』岩波書店，1976 年）。

Barnard, C. (1938), *The Functions of the Executive*. Cambridge, MA: Harvard University Press.（山本安次郎・田杉競・飯野春樹訳『新訳 経営者の役割』ダイヤモンド社，1968年）。

Barney, J. (2002), *Gaining and Sustaining Competitive Advantage*, 2nd edn. Upper Saddle River, NJ: Prentice Hall.（岡田正大訳『企業戦略論（上）（中）（下）：競争優位の構築と持続』ダイヤモンド社，2003年）。

Bartlett, C. and S. Ghoshal (1997), *The Individualized Corporation: A Fundamentally New Approach to Management*. New York: Harper.（グロービス経営大学院訳『個を活かす企業――自己変革を続ける組織の条件』ダイヤモンド社，2007年）。

Baumol, W. (1968), "Entrepreneurship in Economic Theory," *American Economic Review*, 58, pp. 64-71.

Bennis, W. (1989), *On Becoming a Leader*. New York: Addison-Wesley.（芝山幹郎訳『リーダーになる』新潮社，1992年）。

Brickley, J., C. Smith, and J. Zimmerman (2003), *Managerial Economics and Organizational Architecture*, 3rd edn. New York: McGraw-Hill.

Camerer, C. and A. Vepsalainen (1988), "The Economic Efficiency of Corporate Culture," *Strategic Management Journal*, 9, pp. 115-126.

Chandler, A. (1962), *Strategy and Structure: Chapters in the History of the American Industrial Enterprise*. Cambridge, MA: MIT Press.（有賀裕子訳『組織は戦略に従う』ダイヤモンド社，2004年）。

Chandler, A. (1977), *The Visible Hand: The Managerial Revolution in American Business*. Cambridge, MA: Harvard University Press.（鳥羽欽一郎・小林袈裟治訳『経営者の時代――アメリカ産業における近代企業の成立』東洋経済新報社，1979年）。

Chandler, A. and H. Daems (1980), "Introduction," in A. Chandler and H. Daems *eds., Managerial Hierarchies: Comparative Perspectives on the Rise of the Modern Industrial Enterprise*. Cambridge, MA: Harvard University Press, pp. 1-8.

Coase, R. (1937), "The Nature of the Firm," *Economica*, 4, pp. 386-405.（「企業の本質」宮沢健一・後藤晃・藤垣芳文訳『企業・市場・法』東洋経済新報社，1992年に所収）。

Coase, R. (1972), "Industrial Organization: A Proposal for Research," in V. Fuchs *ed., Policy Issues and Research Opportunities in Industrial Organization*. New York: National Bureau of Economic Research, pp. 59-73.

Coase, R. (1984), "The New Institutional Economics," *Journal of Institutional and Theoretical Economics*, 140, pp. 229-231.

Crémer, J., L. Garicano, and A. Prat (2007), "Language and the Theory of the Firm," *Quarterly Journal of Economics*, 122, pp. 373-407.

Daft, R. (1978), "A Dual-Core Model of Organizational Innovation," *Academy of Management Journal*, 21, pp. 193-210.

Dedrick, J., K. Kraemer, and G. Linden (2007), "Capturing Value in a Global Innovation Network: A Comparison of Radical and Incremental Innovation," The Personal Computing Industry Center, Working Paper, September.

DiMaggio, P. (1998), "The New Institutionalisms: Avenues of Collaboration," *Journal of Institutional and Theoretical Economics*, 154, pp. 696-705.

Doornik, K. and J. Roberts (2001), "Nokia Corporation: Innovation and Efficiency in a High-Growth Global Firm," Graduate School of Business, Stanford University, Case S-IB-23, October.

Dosi, G. and L. Marengo (2007), "On the Evolutionary and Behavioral Theories of Organizations: A Tentative Roadmap," *Organization Science*, 18, pp.491-502.

Foss, N. (2001), "Leadership, Beliefs, and Coordination: An Explorative Discussion," *Industrial and Corporate Change*, 10, pp. 357-388.

Geertz, C. (1973), *The Interpretation of Cultures: Selected Essays*. New York: Basic Books.（吉田禎吾・柳川啓一・中牧弘允・板橋作美訳『文化の解釈学（Ⅰ）（Ⅱ）』岩波書店，1987年）。

Granovetter, M. (1985), "Economic Action and Social Structure: The Problem of Embeddedness," *American Journal of Sociology*, 91, pp. 481-510.

Greif, A. (2006), *Institutions and the Path to the Modern Economy: Lessons from Medieval Trade*. New York: Cambridge University Press.

Hayek, F. (1945), "The Use of Knowledge in Society," *American Economic Review*, 35, pp. 519-530.（「社会における知識の利用」田中真晴・田中秀夫編訳『市場・知識・自由――自由主義の経済思想』ミネルヴァ書房，1986年に所収）。

Hayek, F. (1973), *Law, Legislation and Liberty: Rules and Order*, vol. 1. London: Routledge & Kegan Paul.（矢島鈞次・水吉俊彦訳『ハイエク全集　第8巻　法と立法と自由1――ルールと秩序』春秋社，1987年）。

Hirschman, A. (1970), *Exit, Voice, and Loyalty: Responses to Decline in Firms, Organizations, and States*. Cambridge, MA: Harvard University Press.（矢野修一訳『離脱・発言・忠誠――企業・組織・国家における衰退への反応』ミネルヴァ書房，2005年）。

Hodgson, G. (1996), "Corporate Culture and the Nature of the Firm," in J. Groenewegen *ed.*, *Transaction Cost Economics and Beyond*. Boston, MA: Kluwer Academic Publishers, pp. 249-269.

Hodgson, G. (2001), "Frontiers of Institutional Economics," *New Political Economy*, 6, pp. 245-249.

Hodgson, G. (2006), "What Are Institutions?" *Journal of Economic Issues*, 40, pp. 1-25.

Kogut, B. and U. Zander (1996), "What Firms Do? Coordination, Identity, and Learning," *Organization Science*, 7, pp. 502-518.

Kotter, J. (1999), *On What Leaders Really Do*. Boston, MA: Harvard Business School Press. (黒田由貴子監訳『リーダーシップ論――いま何をすべきか』ダイヤモンド社, 1999年)。

Kotter, J. and L. Schlesinger (1979), "Choosing Strategies for Change," *Harvard Business Review*, 57 (2), pp. 106-114.

Kotter, J. and H. Rathgeber (2006), *Our Iceberg Is Melting : Changing and Succeeding Under Any Conditions*. New York: St. Martin's Press. (藤原和博訳『カモメになったペンギン』ダイヤモンド社, 2007年)。

Kreps, D. (1990), "Corporate Culture and Economic Theory," in J. Alt and K. Shepsle *eds., Perspectives on Positive Political Economy*. Cambridge: Cambridge University Press, pp. 90-143.

Lamoreaux, N., D. Raff, and P. Temin (2003), "Beyond Markets and Hierarchies: Toward a New Synthesis of American Business History," *American Historical Review*, 108, pp. 404-433.

Langlois, R. (1992), "Orders and Organizations: Toward an Austrian Theory of Social Institutions," in B. Caldwell and S. Boehm *eds., Austrian Economics: Tensions and New Directions*. Dordrecht: Kluwer Academic Publishers, pp. 165-183.

Langlois, R. (1998), "Personal Capitalism as Charismatic Authority: The Organizational Economics of a Weberian Concept," *Industrial and Corporate Change*, 7, pp. 195-213.

Langlois, R. (2003), "The Vanishing Hand: The Changing Dynamics of Industrial Capitalism," *Industrial and Corporate Change*, 12, pp. 351-385.

Langlois, R. (2004), "Chandler in a Larger Frame: Markets, Transaction Costs, and Organizational Form in History," *Enterprise and Society*, 5, pp. 355-375.

Langlois, R. (2007a), "The Entrepreneurial Theory of the Firm and the Theory of the Entrepreneurial Firm," *Journal of Management Studies*, 44, pp. 1107-1124.

Langlois, R. (2007b), *The Dynamics of Industrial Capitalism: Schumpeter, Chandler, and the New Economy*. New York: Routledge.

Langlois, R. and N. Foss (1999), "Capabilities and Governance: The

Rebirth of Production in the Theory of Economic Organization," *Kyklos*, 52, pp. 201-218.

Langlois, R. and P. Robertson (1995), *Firms, Markets, and Economic Change: A Dynamic Theory of Business Institutions*. New York: Routledge. (谷口和弘訳『企業制度の理論――ケイパビリティ・取引費用・組織境界』NTT出版, 2004年)。

Levitt, B. and J. March (1988), "Organizational Learning," *Annual Review of Sociology*, 14, pp. 319-340.

Loasby, B. (1998), "The Organization of Capabilities," *Journal of Economic Behavior and Organization*, 35, pp. 139-160.

Milgram, S. (1967), "The Small-World Problem," *Psychology Today*, 1, pp. 61-67.

Milgrom, P. and J. Roberts (1992), *Economics, Organization, and Management*. Englewood Cliffs, NJ: Prentice-Hall. (奥野正寛・伊藤秀史・今井晴雄・西村理・八木甫訳『組織の経済学』NTT出版, 1997年)。

Mehta, J., C. Starmer, and R. Sugden (1994), "The Nature of Salience: An Experimental Investigation of Pure Coordination Games," *American Economic Review*, 84, pp. 658-673.

Montgomery, C. (2008), "Putting Leadership Back into Strategy," *Harvard Business Review*, 86 (1), pp. 54-60.

Moritz, M. (1984), *The Little Kingdom: The Private Story of Apple Computer*. New York: William Morrow and Company. (青木榮一訳『アメリカン・ドリーム――企業急成長の秘訣』二見書房, 1985年)。

Nelson, R. (1986), "Incentives for Entrepreneurship and Supporting Institutions," in B. Balassa and H. Giersch *eds.*, *Economic Incentives: Proceedings of a Conference Held by the International Economic Association at Kiel, West Germany*. London: Macmillan, pp. 173-187.

Nelson, R. (1991), "Why Do Firms Differ, and How Does It Matter?" *Strategic Management Journal*, 12, pp. 61-74.

Nelson, R. and B. Sampat (2001), "Making Sense of Institutions as a Factor Shaping Economic Performance," *Journal of Economic Behavior and Organization*, 44, pp. 31-54.

Nelson, R. and S. Winter (1982), *An Evolutionary Theory of Economic Change*. Cambridge, MA: Harvard University Press. (後藤晃・角南篤・田中辰雄訳『経済変動の進化理論』慶應義塾大学出版会, 2007年)。

Nonaka, I. and H. Takeuchi (1995), *The Knowledge-Creating Company: How Japanese Companies Create the Dynamics of Innovation*. New York: Oxford University Press. (梅本勝博訳『知識創造企業』東洋経済新報社, 1996年)。
North, D. (1990), *Institutions, Institutional Change, and Economic Performance*. New York: Cambridge University Press. (竹下公視訳『制度・制度変化・経済成果』晃洋書房, 1994年)。
North, D. (2005), *Understanding the Process of Economic Change*. Princeton, NJ: Princeton University Press.
Penrose, E. (1959), *The Theory of the Growth of the Firm*. Oxford: Basil Blackwell. (末松玄六訳『会社成長の理論』ダイヤモンド社, 1980年)。
Pfeffer, J. and G. Salancik (1978), *The External Control of Organizations: A Resource Dependence Perspective*. New York: Harper & Row.
Porter, M. (1998), *On Competition*. Boston, MA: Harvard Business School Press. (竹内弘高訳『競争戦略論(I)(II)』ダイヤモンド社, 1999年)。
Powell, W. (1990), "Neither Market nor Hierarchy: Network Forms of Organization," *Research in Organizational Behavior*, 12, pp. 295-336.
Powell, W. (1996), "Trust-Based Forms of Governance," in R. Kramer and T. Tyler *eds., Trust in Organizations: Frontiers of Theory and Research*. Thousand Oaks, CA: Sage, pp. 51-67.
Richardson, G. B. (1972), "The Organization of Industry," *Economic Journal*, 82, pp. 883-896.
Rivkin, J. and N. Siggelkow (2006), "Organizing to Strategize in the Face of Interactions：Preventing Premature Lock-in," *Long Range Planning*, 39, pp.591-614.
Roberts, J. (2004), *The Modern Firm: Organizational Design for Performance and Growth*. New York: Oxford University Press. (谷口和弘訳『現代企業の組織デザイン——戦略経営の経済学』NTT出版, 2005年)。
Santos, F. and K. Eisenhardt (2005), "Organizational Boundaries and Theories of Organization. *Organization Science*, 16, pp. 491-508.
Saxenian, A. (2002), *Local and Global Networks of Immigrant Professionals in Silicon Valley*. San Francisco, CA: Public Policy Institute of California.
Schein, E. (1985), *Organizational Culture and Leadership*. San

Francisco: Jossey-Bass.（清水紀彦・浜田幸雄訳『組織文化とリーダーシップ——リーダーは文化をどう変革するか』1989年，ダイヤモンド社）。

Schelling, T. (1960), *The Strategy of Conflict*. Cambridge, MA: Harvard University Press.（河野勝監訳『紛争の戦略——ゲーム理論のエッセンス』勁草書房，2008年）。

Schotter, A. (1981), *The Economic Theory of Social Institutions*. Cambridge: Cambridge University Press.

Schumpeter, J. (1934), *The Theory of Economic Development*. Cambridge, MA: Harvard University Press.（塩野谷祐一・中山伊知郎・東畑精一訳『経済発展の理論』岩波書店，1977年）。

Scott, W. R. (1995), "Symbols and Organizations: From Barnard to the Institutionalists," in O. Williamson *ed.*, *Organization Theory: From Chester Barnard to the Present and Beyond*. New York: Oxford University Press, pp. 38-55.（「シンボルと組織——バーナードから制度論者まで」飯野春樹監訳『現代組織論とバーナード』文眞堂，1997年に所収）。

Selznick, P. (1957), *Leadership in Administration: A Sociological Interpretation*. Evanson, ILL: Row, Peterson, and Company.（北野利信訳『組織とリーダーシップ』ダイヤモンド社，1963年）。

Simon, H. (1957), *Administrative Behavior: A Study of Decision-Making Processes in Administrative Organization*, 2nd edn. New York: Macmillan.（松田武彦・高柳暁・二村敏子訳『経営行動——経営組織における意思決定プロセスの研究』ダイヤモンド社，1989年）。

Smith, A. (1759/1966), *The Theory of Moral Sentiments*. New York: Augustus M. Kelley.（水田洋訳『道徳感情論』筑摩書房，1973年）。

Veblen, T. (1899/1992), *The Theory of Leisure Class*. New Brunswick, NJ: Transaction Publishers.（高哲男訳『有閑階級の理論——制度の進化に関する経済学的研究』筑摩書房，1998年）。

Whyte, W. (1956) *The Organization Man*. Garden City, NY: Doubleday.（岡部慶三・藤永保・辻村明・佐田一彦訳『組織のなかの人間——オーガニゼーション・マン（上）（下）』東京創元新社，1959年）。

Williamson, O. (1975), *Markets and Hierarchies: Analysis and Antitrust Implications*. New York: Free Press.（浅沼萬里・岩崎晃訳『市場と企業組織』日本評論社，1980年）。

Williamson, O. (1985), *The Economic Institutions of Capitalism: Firms, Markets, Relational Contracting*. New York: Free Press.

Williamson, O. (1996), *The Mechanisms of Governance*. New York:

Oxford University Press.
Winter, S. (1990), "Survival, Selection, and Inheritance in Evolutionary Theories of Organization," in J. Singh *ed.*, *Organizational Evolution: New Directions*. Newbury Park, CA: Sage, pp. 269-297.
Witt, U. (2000), "Changing Cognitive Frames－Changing Organizational Forms: An Entrepreneurial Theory of Organizational Development," *Industrial and Corporate Change*, 9, pp. 733-755.
Witt, U. (2007), "Firms as Realizations of Entrepreneurial Visions," *Journal of Management Studies*, 44, pp. 1125-1140.
Young, J. and W. Simon (2005), *iCon Steve Jobs: The Greatest Second Act in the History of Business*. New York: John Wiley & Sons.（井口耕二訳『スティーブ・ジョブズ――偶像復活』東洋経済新報社，2005年）。
植竹晃久（1984）『企業形態論――資本集中組織の研究』中央経済社。
植竹晃久（2007）「コーポレート・ガバナンスの国際比較――比較コーポレート・ガバナンス論の視点とガバナンス・システムの再構築に寄せて」『白鷗ビジネスレビュー』16巻1号, pp. 49-62.
大野耐一（1978）『トヨタ生産方式――脱規模の経営をめざして』ダイヤモンド社。
加藤寛・野田一夫監修（1980）『資生堂』蒼洋社。
川島蓉子（2007）『資生堂ブランド』アスペクト。
韓国経済新聞社編（福田恵介訳）（2002）『サムスン電子――躍進する高収益企業の秘密』東洋経済新報社。
木戸一夫・谷口和弘・渡部直樹（2004a）「現代企業のスーパーモジュラー分析序説（Ⅰ）」『三田商学研究』47巻4号, pp. 61-79.
木戸一夫・谷口和弘・渡部直樹（2004b）「現代企業のスーパーモジュラー分析序説（Ⅱ）」『三田商学研究』47巻5号, pp. 113-128.
榊原清則（2002）『経営学入門（上）（下）』日本経済新聞社。
佐藤義信（1994）『トヨタ経営の源流――創業者・喜一郎の人と事業』日本経済新聞社。
資生堂（2007a）『CSRレポート2007』資生堂総務部CSR室。
資生堂（2007b）『アニュアルレポート2007』資生堂財務部IR室。
十川廣國（2000）『戦略経営のすすめ――未来創造型企業の組織能力』中央経済社。
財部誠一（2000）『カルロス・ゴーンは日産を変えるか』PHP研究所。
谷口和弘（1998）「現代企業の比較制度分析――制度共進化論序説」慶應義塾大

学博士学位論文。
谷口和弘（1999）「企業の文化デザインとガバナンス――比較制度分析からみた制度共進化」植竹晃久・仲田正機編（1999）『現代企業の所有・支配・管理――コーポレート・ガバナンスと企業管理システム』ミネルヴァ書房, pp. 130-152.
谷口和弘（2000）「中国における合資企業の制度共進化――天津天富軟管工業有限公司の比較制度分析的ケース・スタディ」『三田商学研究』43巻1号, pp. 45-74.
谷口和弘（2002a）「現代企業と制度論」現代企業経営研究会編『現代企業経営のダイナミズム』税務経理協会, pp. 49-60.
谷口和弘（2002b）「制度研究の近年的発展――制度主義から比較制度分析へ」『三田商学研究』44巻6号, pp. 31-60.
谷口和弘（2003a）「中国におけるクラスターの制度的多様性と進化（I）」『三田商学研究』46巻1号, pp. 47-76.
谷口和弘（2003b）「中国におけるクラスターの制度的多様性と進化（II）」『三田商学研究』46巻2号, pp. 15-38.
谷口和弘（2006a）『戦略の実学――際立つ個人・際立つ企業』NTT出版。
谷口和弘（2006b）『企業の境界と組織アーキテクチャ――企業制度論序説』NTT出版。
谷口和弘（2007）「音楽都市・福岡とシリコンバレーのクラスター――企業家精神・地域文化・市場補完機能」『三田商学研究』50巻3号, pp. 219-228.
玉城哲・旗手勲（1974）『風土――大地と人間の歴史』平凡社。
郭台銘（2006）「世界を獲りたいなら台湾と手を組むべき」『日経エレクトロニクス』7月31日号, pp. 111-116.
日経産業新聞編（2004）『松下の中村改革』日本経済新聞社。
野田智義・金井壽宏（2007）『リーダーシップの旅――見えないものを見る』光文社。
沼上幹（2003）『組織戦略の考え方――企業経営の健全性のために』筑摩書房。
沼上幹（2004）『組織デザイン』日本経済新聞社。
藤本隆宏・下川浩一（1997）「トヨタ自動車元副社長 大野耐一氏 口述記録」東京大学経済学部, ディスカッションペーパー・シリーズ 97-J-4.
前田新造（2007）「『一瞬も 一生も 美しく』に向けて」資生堂（2007a）, pp. 4-5.
松下幸之助（1989）『指導者の条件――人心の妙味に思う』PHP研究所。
村上世彰（2005）「上場とは何か世に知らしめた」『日経ビジネス』6月6日号, pp. 34-35.
山岸俊男（1998）『信頼の構造――こころと社会の進化ゲーム』東京大学出版会。

山田日登志（2002）『ムダとり――現場の変革、最強の経営』幻冬舎。
吉田忠裕（2003）『脱カリスマの経営』東洋経済新報社。
吉森賢（2001）『日米欧の企業経営――企業統治と経営者』放送大学教育振興会。
吉森賢（2008）『企業戦略と企業文化』放送大学教育振興会。

谷口和弘（たにぐち・かずひろ）

慶應義塾大学商学部准教授。
南開大学現代管理研究所（中国）訪問研究員。渤海証券有限責任公司（中国）高級研究顧問。

慶應義塾大学経済学部卒業。同大学院商学研究科修士課程・博士課程修了。同大学博士（商学）。
・専攻：企業制度論、比較制度分析、戦略経営論。
・著書：『戦略の実学』（2006年12月、NTT出版〈レゾナント〉）、『企業の境界と組織アーキテクチャ』（2006年6月、NTT出版）
・訳書：ジョン・ロバーツ『現代企業の組織デザイン：戦略経営の経済学』（2005年、NTT出版）、リチャード・ラングロワ／ポール・ロバートソン『企業制度の理論：ケイパビリティ・取引費用・組織境界』（2004年、NTT出版）、青木昌彦『比較制度分析に向けて』（共訳、2001年、NTT出版）

組織の実学——個人と企業の共進化

2008年7月8日 初版第1刷発行

著　者　　谷口和弘
発行者　　軸屋真司
発行所　　NTT出版株式会社
〒141-8654　東京都品川区上大崎3-1-1　JR東急目黒ビル
営業本部　Tel 03(5434)1010　Fax 03(5434)1008
出版本部　Tel 03(5434)1001　http://www.nttpub.co.jp
デザイン　土屋 光（Perfect Vacuum）
印刷・製本　中央精版印刷株式会社

ISBN978-4-7571-2218-5　C0034

定価はカバーに表示してあります。
乱丁・落丁はお取り替えいたします。

《NTT 出版 ライブラリー レゾナント 031》

戦略の実学　際立つ個人・際立つ企業

谷口和弘 著

「経営者、金メダリスト、パンにも戦略がある」

なぜ戦略経営論なのか。企業のみならず、個人にも焦点をあて、戦略経営論の基本的な考え方を理論とケースでわかりやすく解説。あらゆる業界のビジネスパーソン必携の一冊。

●定価 1,680 円●四六判● 2006.12 ● ISBN 4-7571-2188-1

企業の境界と組織アーキテクチャ　企業制度論序説

谷口和弘 著

「企業とは何か？企業は制度をどう配置するのか？」

ルイ・ヴィトンからライブドアまで豊富な事例と最新理論を用いて分析。21世紀の企業・株式会社研究の新機軸。

●定価 3,990 円● A5 判● 2006.06 ● ISBN 4-7571-2181-4

現代企業の組織デザイン　戦略経営の経済学

ジョン・ロバーツ 著　谷口和弘 訳

名著『組織の経済学』の著者が、学生や研究者のみならず、企業経営の現場にいる経営者、ビジネス・パーソンのために新たに書き下ろした、戦略・組織研究の新機軸。業績を向上させ、新ビジネスを創出するマネジメントの指針。

●定価 3,360 円● A5 判● 2005.11 ● ISBN 4-7571-2139-3

企業制度の理論　ケイパビリティ・取引費用・組織境界

リチャード・ラングロワ＋ポール・ロバートソン 著　谷口和弘 訳

新制度派経済学の視点からケイパビリティや取引費用が企業境界の決定に及ぼす影響を解明。モジュール型システムに代表されるイノベーション、組織形態の多様性、産業発展における政府の役割を分析した動学的企業制度論。

●定価 3,465 円● A5 判● 2004.09 ● ISBN4-7571-2125-3

比較制度分析に向けて ［新装版］

青木昌彦 著　瀧澤弘和＋谷口和弘 訳

制度とは何か。制度はいかに変わりうるか。― ゲーム理論の枠組みの拡充と豊富な比較・歴史情報の結合によって、経済学・組織科学・政治学・法学・社会学・認知科学における制度論的アプローチを結合しようとする画期的業績。シュンペーター賞受賞。

●定価 4,095 円● B5 判変型● 2003.09 ● ISBN 4-7571-2119-9

（定価は2008年6月現在）